演習でまなぶ

改訂版

情報処理の基礎

稲岡秀檢 [編著]

有阪直哉
鶴田陽和 [著]

朝倉書店

―――― 書籍の無断コピーは禁じられています ――――

本書の無断複写（コピー）は著作権法上での例外を除き禁じられています。本書のコピーやスキャン画像、撮影画像などの複製物を第三者に譲渡したり、本書の一部を SNS 等インターネットにアップロードする行為も同様に著作権法上での例外を除き禁じられています。

著作権を侵害した場合、民事上の損害賠償責任等を負う場合があります。また、悪質な著作権侵害行為については、著作権法の規定により 10 年以下の懲役もしくは 1,000 万円以下の罰金、またはその両方が科されるなど、刑事責任を問われる場合があります。

複写が必要な場合は、奥付に記載の JCOPY（出版者著作権管理機構）の許諾取得または SARTRAS（授業目的公衆送信補償金等管理協会）への申請を行ってください。なお、この場合も著作権者の利益を不当に害するような利用方法は許諾されません。

とくに大学等における教科書・学術書の無断コピーの利用により、書籍の流通が阻害され、書籍そのものの出版が継続できなくなる事例が増えています。

著作権法の趣旨をご理解の上、本書を適正に利用いただきますようお願いいたします。　　　　　　　　　　　　　［2025 年 1 月現在］

まえがき

　本書は，大学や専門学校の 1 年生が入学後にはじめてコンピュータと情報処理いついて学ぶための教科書として書かれたものである．本書の前身は，医療系の学生のための情報演習の教科書として朝倉書店から刊行された（『医療系の情報演習』池田憲昭編著，2002 年，『医療系の情報演習・改訂版』池田憲昭編著，2011 年）．その後，読者の対象を医療系の学生に限定せず，どのような分野の学生にも有用な教科書となることを目指して大きな改訂を行った（『情報演習で学ぶ情報処理の基礎』鶴田陽和編著，2017 年）．この改訂では，演習書としてだけでなく，独習可能な教科書とすることや，演習に使用する教材の提供を行った．本書の教材も朝倉書店のウェブページ（https://www.asakura.co.jp）から入手することができる．

　本書では，前著の独習可能な教科書という方針を踏襲しつつ，インターネットの発展に合わせて，さらに以下に記す改訂を行った．

　①個人情報保護に関する知識を解説する

　インターネットの発展とともに，SNS 等が広く利用されるようになり，個人情報の保護の必要性がますます高まっている．そのため，個人情報とは何か，どのように個人情報を保護するかについての基本的な知識を解説していく．

　②ウェブアプリ環境について解説する

　今までの PC の利用では，手元の PC にアプリをインストールして実行することがほとんどであったが，インターネットの発展とともに，PC 版のアプリと比べても遜色のない機能を利用できる，ブラウザで動作する応用アプリが増えてきている．そこで，ウェブ版のオフィスソフトの操作に関する基本的な知識を解説していく．

　③プログラミング言語 Python について解説する

　機械学習分野等で現在，プログラミング言語 Python が広く利用されている．今後，情報処理分野でも AI 等の知識が必要になる場面が増えることが予想される．そこで，初心者でも利用しやすいブラウザで動作する開発環境である Google Colaboratory を用いて，Python およびそのプログラム作成の基礎的な知識を解説していく．

　本書の例題や演習問題の実行環境は OS としては Windows 10〜11 を想定している．また，大学等では学校全体で包括ライセンス契約している環境が増えていることから，基本的なアプリケーションは Microsoft Office 365 を想定している．ただし Word，Excel などのアプリケーションソフトは，使用環境によっては本書と異なる表示となる場合もあることを考慮して読み進めていただきたい．

本書は 11 章からなり，以下のように構成されている.

1 章では，コンピュータの概要と，インターネットの基本知識について述べた．2 章では，インターネット上で展開されるサービスの概要と，情報リテラシーの基本知識について述べた．3 章では，ワードプロセッサの基礎として，Microsoft Word を用いた文書作成について解説し，演習問題を提供した．4 章では，ブラウザ上で動作するウェブアプリケーション版のワードプロセッサ（Google ドキュメント）について解説し，演習問題を提供した．5 章では，表計算の基礎として，Microsoft Excel を用いたスプレッドシート作成について解説し，演習問題を提供した．6 章では，ウェブアプリケーション版の表計算ソフト（Google スプレッドシート）について解説し，演習問題を提供した．7 章では，プレゼンテーションソフトの基礎として，Microsoft PowerPoint を用いたスライド作成について解説し，演習問題を提供した．8 章では，ウェブアプリケーション版のプレゼンテーションソフト（Microsoft PowerPoint，Google スライド）について解説し，演習問題を提供した．9 章では，ホームページ作成の基本となる HTML について解説し，演習問題を提供した．10 章では，コンピュータで情報を取り扱うための基礎となるデータ表現（2 進数，文字の表現）について解説し，演習問題を提供した．11 章では，プログラミングについて概説し，プログラミング言語 Python のウェブ上の開発環境である Google Colaboratory を用いて，プログラミングの基本について解説し，演習問題を提供した.

学習内容の選択と時間配分は，学科・専攻に合わせて適宜調整し，演習書としてだけでなく独学の参考書としても活用していただきたいというのが筆者らの願いである.

2025 年　1 月

著　　者

目　　次

1. コンピュータとインターネット ………………………………………〔稲岡秀檢〕… 1
　1.1　ハードウェア ………………………………………………………………… 1
　1.2　オペレーティングシステム ………………………………………………… 3
　1.3　応用ソフトウェア …………………………………………………………… 4
　1.4　ファイルとファイルシステム ……………………………………………… 5
　1.5　ネットワーク ………………………………………………………………… 6
　1.6　IP アドレスと DNS ………………………………………………………… 8
　1.7　TCP/IP ……………………………………………………………………… 9

2. インターネット上のサービスと情報リテラシー ………………………〔稲岡秀檢〕… 13
　2.1　サーバとクライアント ……………………………………………………… 13
　2.2　インターネット上のサービス ……………………………………………… 13
　2.3　クラウドサービス …………………………………………………………… 14
　2.4　電子メール …………………………………………………………………… 14
　2.5　SNS …………………………………………………………………………… 16
　2.6　情報リテラシー ……………………………………………………………… 17
　2.7　個人情報 ……………………………………………………………………… 19
　2.8　個人情報保護 ………………………………………………………………… 19
　2.9　次世代医療基盤法 …………………………………………………………… 19

3. ワードプロセッサ ………………………………………………………〔稲岡秀檢〕… 21
　3.1　ワードプロセッサソフトウェアの概要 …………………………………… 21
　3.2　日本語入力システム ………………………………………………………… 21
　3.3　Microsoft Word の概要 …………………………………………………… 21
　3.4　ファイルの作成と保存 ……………………………………………………… 22
　3.5　フォント ……………………………………………………………………… 23
　3.6　データの再利用 ……………………………………………………………… 25
　3.7　ショートカット ……………………………………………………………… 26
　3.8　オブジェクトの挿入 ………………………………………………………… 27
　3.9　レイアウトを整える ………………………………………………………… 29
　3.10　ルーラー …………………………………………………………………… 32
　3.11　その他 ……………………………………………………………………… 33

4. ワードプロセッサ（ウェブアプリケーション）……………………〔稲岡秀検〕… 41

4.1 Google ドキュメントの概要 ……………………………………………… 41

4.2 ファイルの作成と保存 ……………………………………………………… 42

4.3 オブジェクトの挿入 ………………………………………………………… 43

4.4 その他 ………………………………………………………………………… 47

5. 表計算 ……………………………………………………………〔稲岡秀検〕… 48

5.1 表計算ソフトウェアの概要 ………………………………………………… 48

5.2 ファイルの作成と保存 ……………………………………………………… 48

5.3 セル，行，列 ………………………………………………………………… 50

5.4 セルの書式設定 ……………………………………………………………… 53

5.5 コピー&ペーストと検索 …………………………………………………… 54

5.6 グラフの作成 ………………………………………………………………… 56

5.7 フィルター …………………………………………………………………… 61

5.8 数式と関数 …………………………………………………………………… 63

6. 表計算（ウェブアプリケーション）…………………………………〔稲岡秀検〕… 67

6.1 Google スプレッドシートの概要 ………………………………………… 67

6.2 グラフの作成 ………………………………………………………………… 68

6.3 数式 …………………………………………………………………………… 71

6.4 表示形式 ……………………………………………………………………… 71

7. プレゼンテーション ………………………………………………〔有阪直哉〕… 73

7.1 プレゼンテーションアプリケーション …………………………………… 73

7.2 PowerPoint …………………………………………………………………… 73

7.3 基本操作 ……………………………………………………………………… 73

7.4 アニメーションとトランジション ………………………………………… 84

7.5 プレゼンテーションの実行（スライドショー）…………………………… 85

8. プレゼンテーション（ウェブアプリケーション）…………………〔有阪直哉〕… 88

8.1 Microsoft 365 PowerPoint（ウェブ版）の概要………………………… 88

8.2 基本的な操作 ………………………………………………………………… 89

8.3 共有機能 ……………………………………………………………………… 90

8.4 Google スライドの概要 …………………………………………………… 91

8.5 スライドショー ……………………………………………………………… 93

9. HTML ………………………………………………………………〔鶴田陽和〕… 96

9.1 World Wide Web（ウェブ）の基礎知識 ………………………………… 96

9.2 HTML ファイルの作成方法と確認方法 …………………………………… 97

目　　　次　　　　　　　　　　v

9.3　HTML と CSS ……………………………………………………………… 97

9.4　HTML のタグ ……………………………………………………………… 100

9.5　CSS のプロパティ ………………………………………………………… 111

9.6　ウェブページや SNS サイト開設に関する一般的な注意 ……………… 113

9.7　ホームページ作成のヒント ……………………………………………… 114

10.　コンピュータにおけるデータ表現 ………………………〔鶴田陽和〕… 115

10.1　2 進法………………………………………………………………………… 115

10.2　負の整数の表現方法─補数 ……………………………………………… 119

10.3　実数の表現方法─固定小数点表示と浮動小数点表示 ………………… 120

10.4　文字の表現方法 …………………………………………………………… 122

10.5　画像，音声の表現方法 …………………………………………………… 128

10.6　論理演算と 2 進数の計算 ………………………………………………… 129

11.　プログラミング入門 ………………………………………〔有阪直哉〕… 133

11.1　はじめに …………………………………………………………………… 133

11.2　Google Colaboratory ……………………………………………………… 134

11.3　ノートブック ……………………………………………………………… 137

11.4　コードセルの便利な機能 ………………………………………………… 142

11.5　プログラミングの基礎 …………………………………………………… 148

11.6　その他のリスト操作 ……………………………………………………… 158

10 章演習問題解答 ……………………………………………………………… 159

索　　　引…………………………………………………………………………… 161

ウェブ付録

ウェブ付録は，こちらのQRコード，

もしくは以下のURLからご覧いただけます．
https://www.asakura.co.jp/detail.php?book_code=12307

1

コンピュータとインターネット

コンピュータは，さまざまの異なる装置が系統的にまとめられて一つの目的を実行する機械である．こうしたコンピュータの機械的な構成要素をハードウェアと呼ぶ．しかし，コンピュータはハードウェアだけでは目的を実行することはできず，その動作の手順を記述したプログラムにより初めて機能する．このようなプログラムや，コンピュータで再生する映像や音楽，さらにコンピュータの利用技術全般をソフトウェアと呼ぶ．

コンピュータは，当初は複雑な計算や，文書処理，画像処理などの情報処理を単体で行っていたが，1990年後半におけるパーソナルコンピュータの性能向上とインターネットの急激な発展により，現在ではネットワークを介した情報伝達の手段としても欠かせないものになった．本章では，ハードウェアとソフトウェアについて必要最小限な知識を説明した後，通信の道具としてのコンピュータの機能と，それを支えるコンピュータネットワークの仕組みについて解説する．

1.1 ハードウェア

人間は，目や耳を使って情報を外界から取り込み（入力），次に脳で情報を処理し（演算），結果を言葉や身振りなどで伝え（出力），情報を「記憶」する．また，情報処理の過程全体を「制御」することもできる．コンピュータの情報処理過程も人間と同様であり，入力，演算，出力，記憶，制御はコンピュータの5大機能と呼ばれる．

以下で順に各要素について簡単に説明する．

1.1.1 演算と制御

中央処理装置（central processing unit：CPU）はコンピュータの頭脳にあたり，演算装置と制御装置を1個の大規模集積回路（large scale integration：LSI）にまとめたもので構成されている．さまざまな計算やデータ処理を行うコンピュータの中心部分である．計算などのデータ処理を実際に行う演算装置（arithmetic and logic unit：ALU）では，四則演算，移動，比較演算，論理演算を行う．

演算装置の機能

- **四則演算** 加算，減算，乗算，除算を行い，計算結果はアキュムレータやフラグレジスタと呼ばれる一時記憶装置に保存される．
- **移動** 命令に応じて制御装置と連動し，情報の記憶場所を移動する．

- **比較演算** 2つの計算式や文字列の大小関係を調べる．
- **論理演算** 論理和や論理積，否定などの論理演算（第10章）を行う．

制御装置は，プログラムから命令を取り出し，入出力装置，演算装置，記憶装置に指令を出して，全体を制御する．

1.1.2 記憶装置

記憶装置は大きく分けて，メインメモリ（主記憶装置）と補助記憶装置に分けられる．

メインメモリは実行中のプログラムや処理中のデータを保存するために使われる．高速に読み書きできる必要があるので，電子的に読み書きができる半導体を用いた RAM（random access memory）と呼ばれるメモリが主流である．

メモリにデータを読み書きするにはメモリ上の記憶場所（アドレスという）が必要となる．当然であるが記憶容量が大きくなるほど大きなアドレスが必要となる．16 ビットコンピュータ，32 ビットコンピュータ等のビット数は，このアドレスの大きさを示したものである（ビットについては 10.1.2 項を参照）．

RAM に記録された内容はコンピュータの電源が切れると消えてしまう（揮発性メモリ）が，コンピュータのオン・オフに関係なく情報を保持できる ROM（read-only memory）と呼ばれる半導体メモリ（不揮発性メモリ）もあり，コンピュータの電源投入時にオペレーティングシステム（後述）をメインメモリに読み込むために必要なローダと呼ばれるプログラムや入出力の基本的なプログラム（basic input output system：BIOS や unified extensible firmware interface：UEFI）を記憶させておくのに使われる．このような，ROM に記憶されたプログラム群をファームウェアと呼ぶ．

補助記憶装置は，プログラムやデータをファイルとして保存する装置である．メインメモリの内容はコンピュータの電源がオフになると消えてしまうが，ファイルとして保存しておけば必要なときにまた読み込むことができる．補助記憶装置は外部記憶装置と呼ぶこともある．

代表的な補助記憶装置

・ハードディスクドライブ　代表的な補助記憶装置で，磁性体を塗布した円盤（ディスク）にデータを記憶する．記憶に際しては，ディスクを同心円に分け（トラック），さらにそれぞれのトラックをいくつかの区画（セクタ）に等分して，セクタを単位として読み書きを行う．

・フラッシュメモリ　ROM を改良して大容量化，低価格化したものである．フラッシュメモリはユーザが書き換えることができ，従来の ROM に替わってファームウェアや各種電子機器の記憶媒体として広く普及している．PC 向けの取り外し可能な補助記憶媒体として USB コネクタで接続できるフラッシュメモリを USB メモリと呼ぶ．

・SSD　フラッシュメモリの大容量化と低価格化に伴い，ハードディスクの替わりにフラッシュメモリを利用することも可能になっており，SSD（solid state drive）と呼ばれている．

1.1.3 入力装置

データやプログラムを外部からコンピュータに与えることを入力（input）と呼ぶ．

入力装置の代表的なものとしてキーボードとマウスがある．キーボードはどのキーが押されたのかを電気的に感知して，その情報をコンピュータに送信する．マウスはマウスの動きを光により検知して縦・横方向のそれぞれの移動量をコンピュータに送信する．それ以外の

入力装置としてスキャナがあり，印刷物をコンピュータに取り込むことができる．

1.1.4 出力装置

コンピュータの処理結果を外部に送り出すことを出力（output）と呼ぶ．

データを画面上で文字や画像として表示するのが，モニタ（ディスプレイとも呼ぶ）であり，光の 3 原色である Red, Green, Blue の組み合わせにより，すべての色を表現する（RGB）．液晶（liquid crystal）を利用したものを液晶ディスプレイ（LCD）と呼ぶ．

コンピュータの処理結果やプログラムを紙に印刷する必要があることも多い．このための装置がプリンタである．さまざまな印刷原理のプリンタがあるが，オフィスなどで情報を大量に速く印刷したいときにはレーザープリンタが用いられる．レーザープリンタの動作原理はコピー機と同じで，マイナスに帯電した感光ドラムにレーザーを当てて文字や画像の形状の情報を残し，そこにプラスに帯電させたトナーを付着させ，紙の裏からマイナスの電荷を与えてトナーを紙に転写し，転写したトナーを熱と圧力で溶着させることで印刷を行う（プラスマイナスは逆の場合もある）．

家庭向けには，インクを微小な粒子として吹き付けることにより印刷を行うインクジェットプリンタが普及している．

1.1.5 インターフェース

異なる装置を接続してデータを交換するには，端子や信号などのハードウェアの規格やデータの伝送方式のようなソフトウェアの規格を一致させる必要がある．このような規格をインターフェースと呼ぶ．

PC の場合，CPU とメインメモリの他に基本的な入出力装置（キーボード，マウス，ネットワーク，ハードディスク，USB 機器など）のインターフェースがあらかじめ組み込まれている．それ以外の装置のインターフェース回路は，アダプタカードを PC に追加することなどで利用できる．

1.1.6 ネットワーク

コンピュータをネットワークに接続すると，離れた場所にある別のコンピュータの機能を利用することが可能になる．キャンパスやオフィスなど限定された空間のネットワークを LAN（local area network）と呼ぶ．

ネットワークに接続され他のコンピュータにサービスを提供するコンピュータをサーバ，サービスを受けるコンピュータをクライアントと呼ぶ．

1.2 オペレーティングシステム

ソフトウェアはオペレーティングシステムと，応用ソフトウェアに大きく分けられる．ここではオペレーティングシステムを中心に説明する．応用ソフトウェアについては 1.3 節で説明する．

1.2.1 オペレーティングシステムとは

コンピュータの発達に伴い，さまざまな周辺装置が利用できるようになり，また複数のユーザがコンピュータを同時に利用できるなど，コンピュータの機能は高度化・複雑化してきた．このような複雑化したコンピュータシステムを活用するためには，各装置の管理や複数のプログラムの制御を円滑に，効率よく行う必要があるが，人間が直接制御することは困難である．

そこで，コンピュータシステムの管理・運用をコンピュータ自身に行わせる方法が1960年代から用いられるようになった．これらの管理・運用のためのプログラム群をオペレーティングシステム（operating system：OS）と呼ぶ．現在，私たちが利用しているコンピュータはハードウェアとオペレーティングシステムが一体になったものである．オペレーティングシステムは，コンピュータが機能するための基盤となるプログラム群で，表1.1のような役割を担っている．

オペレーティングシステムの代表的なものとして，PC用ではMicrosoft社のWindows，Apple社のmacOSがある．サーバ用にはUNIXと呼ばれるオペレーティングシステムが古くから使われている．最近はPC上でも稼働するUNIX系列のオペレーティングシステムとしてLinuxが広く利用されている．スマートフォン等の携帯情報端末用のOSとしては，Android，iOSがある．

表 1.1　OS の役割

(1)　プログラムの管理
(2)　メモリの管理
(3)　ファイルシステムの管理
(4)　周辺装置の管理
(5)　ネットワークのサポート
(6)　ユーザの管理
(7)　ユーザインターフェースの提供
(8)　電源の管理

1.3 応用ソフトウェア

オペレーティングシステム以外のソフトウェアとしては，文書作成，表計算などのオフィスソフトウェアや，インターネット閲覧に使われるブラウザや，メールの読み書きに用いられるメーラなどの応用ソフトウェアがある．

1.3.1 オフィスソフトウェア

以下に本書の第3章以降で詳細を説明する，代表的なオフィスソフトウェアを挙げる．

(1)　**文書処理ソフトウェア**　文書の作成，編集に使用されるソフトウェアで，ワードプロセッサ（略してワープロ）ともいう．第3章で使用方法を学習する．印刷を目的としない場合はテキストエディタが便利である．

(2)　**表計算ソフトウェア**　2次元の表で表されるデータの処理を行うプログラムで，日常のデータ処理のかなりの部分をこなすことができる．スプレッドシートともいう．第5章で使用方法を学習する．

(3)　**プレゼンテーションソフトウェア**　会議や報告，講義などで他の人々に説得力のある形で情報を提示するためのプログラムである．第7章で使用方法を学習する．

1.3.2 ウェブブラウザ

インターネット上のウェブサイトを閲覧するためのソフトウェアをウェブブラウザと呼ぶ．画像や動画を見たり，音楽を聞くこともできる．またPCの機能向上と，ネットワークの速

度向上により，ブラウザ上で完結するアプリケーションも十分に実用可能な性能を示すようになってきている．特にブラウザ上で動作するオフィスソフトウェアについては，近年，その機能向上が著しい．

ブラウザ上で動作するワードプロセッサについては第4章で，表計算ソフトウェアについては第6章で，プレゼンテーションソフトウェアについては第8章で，使用方法を学習する．

1.3.3 その他の応用ソフトウェア

(1) メーラ　　電子メールの作成，送受信，メールやメールアドレスの管理を行うソフトウェアをメーラ，あるいはメールクライアント（mail user agent：MUA）という．第2章で電子メールの基本を学習する．

(2) 画像処理プログラム　　写真や図などの画像に対してさまざまな処理を行うプログラムである．特に，写真の加工のためのソフトウェアのことをフォトレタッチソフト（photo-retouching software）と呼ぶ．

(3) データベース管理ソフトウェア　　データベースの作成と運用を支援するためのプログラムで，データの追加，削除，変更，保護，検索などデータ管理と利用のためのさまざまな機能をもっている．

(4) 業務用ソフトウェア　　特定の業務や分野に特化したプログラムであり，販売管理，給与計算などの事務処理に特化したプログラムの他に，土木計算や建築設計など技術計算のプログラムもある．

(5) その他　　以上に説明したソフトウェアの他にも，統計処理プログラム，動画再生プログラム，家庭学習用プログラム，ゲームなど，さまざまな応用ソフトウェアが業務・家庭で使われている．

1.3.4 プログラミング言語

コンピュータは処理手順を記述したプログラムがあってはじめて動くが，プログラムを書くための規則をプログラム言語，またはプログラミング言語という．プログラミング言語には，コンピュータが直接理解できる機械語の他に，機械語に近いが人間にも理解できるアセンブリ言語，人間の使う言葉や数式に近い高水準言語があり，通常は高水準言語が用いられる．人間が作ったプログラムは専用のソフトウェア（コンパイラまたはインタープリタ）により解釈・実行する．

第11章では，代表的な高水準言語であるPythonの基本と実際のプログラムの作成法について学習する．

1.4 ファイルとファイルシステム

1.4.1 ファイル

コンピュータで扱うデータやプログラムは，ディスク上ではファイルとして管理される．ファイルの形式は，プログラム，文書，表，画像，音声といった情報の形態ごとに定められており，OSや応用ソフトウェアはファイル名の最後につける拡張子によりどんな種類のファイルかを判断して処理を行う．

1.4.2 ファイルの形式

ファイルはファイル名で識別する．my-file.txt のように「名前＋ピリオド＋拡張子」が標準的な表記法である．

拡張子は一般的に 3 文字または 4 文字で，多くの応用ソフトウェアは拡張子によりファイルの形式を識別する．代表的な拡張子を表 1.2 に示す．

なお，1 つのフォルダ（後述）の中に同じファイル名のファイルを 2 つ置くことはできないが，別のフォルダ内であれば同じ名前のファイルを作成することができる．

表 1.2 代表的なファイルの拡張子

拡張子	ファイルの種類
.exe	実行可能なプログラム
.txt	テキストファイル
.pdf	PDF ファイル
.htm .html	ウェブページ
.jpg .png .tiff	静止画像
.mov .mgp .avi	動画像
.wav .mp3	音声
.docx .doc	Microsoft Word
.xlsx .xls	Microsoft Excel
.pptx .ppt	Microsoft PowerPoint
.ipynb	Jupyter Notebook（Python）

1.4.3 フォルダ

ディスクをキャビネットに喩えると，その中にファイルを分類して管理するための引き出しに相当する構造を複数個作ることができる．これをフォルダまたはディレクトリと呼ぶ．

最上位のフォルダはルートフォルダ（ルートディレクトリ）と呼ばれる．ルートフォルダの中には，ファイルを保存できる他，別のフォルダを名前をつけて作ることができる．さらにそのフォルダの中にまた別のフォルダを作ることもできる．

このように，一つのディスクはフォルダを単位とする入れ子型の構造をもつ．この構造はルートフォルダを幹とする木の形で表すことができるので，このような階層構造を木構造（tree structure）と呼ぶ．

1.4.4 ファイル操作

通常，ファイルは最初は応用ソフトウェアで作成するが，その後はファイルを管理するために名前や属性（大きさや作成日時など）の参照，名前の変更，ファイルのコピー，移動，削除といった操作が必要となる．

これらの操作は Windows ではエクスプローラー，macOS ではファインダーで行うことができる．

1.5 ネットワーク

コンピュータネットワークとは，複数のコンピュータを通信回線で接続し，相互にデータのやりとりができるようにしたものである．

ここではネットワークの送受信方式，ネットワークの種類，使用形態に分けて説明する．

1.5.1 ネットワークの送受信方式

ネットワークの送受信方式には大きく分けて，有線方式と無線方式がある．有線方式は通信ケーブルを用いる方法で，通信ケーブルにはメタルケーブル（銅線），光ファイバがある．無線方式は電波を用いる方法で Wi-Fi と呼ばれ，2.4 GHz（家庭の電子レンジと同じ周波数）

と5GHzの周波数帯を用いるものが広く利用されている.

メタルケーブルはさらに,同軸ケーブルと,より対線に分けられる.同軸ケーブルは信号の到達距離が長いが,線が比較的太く,引き回しが難しい場合がある.一方,より対線は,線が細く,引き回しが容易で,低価格という利点がある.

光ファイバの特徴としては,信号の減衰が少なく,遠くまで信号を伝送できることが挙げられる.また回線容量が大きく,一度に大量の情報を伝送でき,雑音の混入が少ないなどの利点がある.その一方で光ファイバの性質上,回線を分岐したり,他の回線と接続したりするのに技術が必要となる.

1.5.2 ネットワークの分類

ネットワークの機能的分類の例を以下に示す.

a. 地理的規模の分類

地理的規模で分類すると,構内通信網(local area network:LAN)と広域通信網(wide area network:WAN)とに分けられる.LANは建物や敷地内などの地理的に狭い範囲のデータの送受信を行う.WANは東京キャンパスと大阪キャンパスのように地理的に離れたLANを専用回線で結んだものである.さらに,世界中のLANやWANを相互接続したネットワークのネットワークがインターネットである.

b. 接続形態の分類

接続形態による分類としては,バス型,スター型,リング型,メッシュ型(図1.1)がある.バス型は「一本道」,スター型は「車輪の中心から伸びたスポーク」,リング型は「山手線」,メッシュ型は「網の目」のような形状をしている.

ネットワークの接続形態

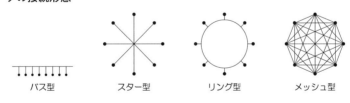

図 1.1 ネットワークの接続形態

- バス型　バスと呼ばれる基幹ケーブルにコンピュータを接続する.基幹ケーブルにコンピュータを直接接続するので,簡単に多数のコンピュータを接続できる.また,中心となるコンピュータがないので,どこかのコンピュータが故障してもネットワーク全体に影響しにくいが,基幹ケーブルが故障するとネットワーク全体が停止するという問題点もある.
- スター型　中心に位置する集線装置(ハブ)に,放射線状にコンピュータなどを接続する.LANで最も使われている接続形態である.中心のハブとコンピュータが独立のケーブルでつながっているので,どこかのケーブルが故障しても全体に影響がでにくく,配線の自由度が高い.しかし,ハブが故障するとネットワーク全体が停止するという問題点がある.
- リング型　コンピュータをリング状に接続する.信号の流れを一方向に定めて,コンピュータから次のコンピュータへリレーしていく方式で,信号の衝突や停滞を回避できる.しかし,1つでもコンピュータが故障すると

通信が停止するという問題点がある.

・メッシュ型　コンピュータどうしをつなぐケーブルが網の目状に接続されているネットワークである. 通信経路のどこかで故障が生じても，障害部分を回避して通信できるため信頼性が高い. しかし，接続ケーブル数が多いためコストがかかるという問題点がある.

c. 伝送信号の分類

伝送信号の分類としては，アナログ通信網とデジタル通信網がある.

アナログ通信網は，アナログ信号を使用した通信網であり，古くからある電話通信網のことと考えてよい.

電話通信網は，アナログ回線を利用し，音声だけでなくデータの通信を行うこともできる. 電話通信網にコンピュータを接続するにはコンピュータ側のデジタルデータと電話回線に流すアナログ信号の変換を行うためにモデム（MODEM）が必要となる.

デジタル通信網は，デジタル信号を使用した通信網であり，光通信網が代表的である.

光通信網は，情報やデータを光信号に変換して通信を行うネットワークである. 回線ケーブルには光ファイバケーブルが使われる. 従来の電線（銅線）より高速の通信が可能である.

1.6　IP アドレスと DNS

1.6.1　インターネットの仕組み

学校や企業の中のコンピュータは LAN と呼ばれる小〜中規模の閉じたネットワークで結ばれていることが多い. 大学のキャンパス等が離れた場所に分かれている場合などは，複数の LAN を専用回線で結んで 1 つのネットワークを形成する場合もある.

世界中に無数にある LAN のような局所的なネットワークを相互に接続して，データのやりとりを行えるようにしたものがインターネットである. また，LAN をインターネットに接続するための機器をルータと呼ぶ. LAN からインターネットに送り出された情報は，ルータが中継して目的の LAN まで送られる.

1.6.2　IP アドレスの構成

電話回線網に接続された電話機が固有の電話番号をもつように，インターネット上のホストコンピュータには 4 バイト（32 ビット）からなる IP アドレス（IPv4）と呼ばれる固有の番号が割り当てられている. この数値は 1 バイトごとに 4 桁に分けて 192.168.100.1 のように表記される（各桁は 0〜255）.

インターネットに接続するコンピュータや IP 電話などの急激な増加に伴い，利用可能な IPv4 の IP アドレスは枯渇しつつある. そこで 128 ビットの数値を使って IP アドレスを表す方式の IPv6 への移行が進められている.

現実的には学校や企業の中ではプライベート IP アドレスと呼ばれる閉じたネットワーク用の IP アドレスを使い，インターネットへの接続時にはグローバル IP アドレスと呼ばれる IP アドレスに変換（network address translation：NAT）して送受信する方法を用いることが多い.

> **演習 1.1**
>
> 自分のコンピュータに割り当てられている IP アドレスを調べなさい．ネットワークの設定情報
> は，Windows ではコマンドプロンプトを利用して「ipconfig」コマンドで調べることができる．同
> 様に，Mac ではターミナルを利用して「ifconfig」コマンドで調べることができる．

1.6.3　DNS の仕組みと実現

　個々のホストコンピュータは IP アドレスで識別される．さらに，より大規模なネットワーク
を管理する際には，IP アドレスと並行してインターネット上のネットワーク（LAN や WAN）
やホストコンピュータを現実の住所のような階層的な名前で管理するドメインネーム・システ
ム（domain name system：DNS）という方法が使われている．例えば，日本ネットワーク
センター（JPNIC）のウェブサイトの IP アドレスは 192.41.192.145 であり，このアドレスを
ウェブブラウザに打ち込むとこのサイトにアクセスできるが，www.nic.ad.jp とドメインネー
ム・システムによる名前（uniform resource locator：URL）で指定する方がわかりやすいので，
通常は URL を使うことの方が多い（9.1 節）．

　国を表すドメイン名には，jp
（日本），us（米国），uk（英国）
などがある．なお，米国では，
国名を省略した 3 文字の gTLD
（generic top level domain）とい
うドメイン名が使われている
ことが多い．

　表 1.3 に，日本の主な組織ド
メイン名と，対応する gTLD の

表 1.3　インターネットの主なドメイン名

組織カテゴリ	日本での ドメイン名	米国での ドメイン名（gTLD）
政府機関	go.jp	gov
企業	co.jp	com
教育機関（大学等）	ac.jp	edu
教育機関（小・中・高）	ed.jp	
ネットワーク管理団体	ad.jp	net
ネットワークサービス団体	ne.jp	
その他の団体	or.jp	org

名前を示す．日本のドメイン名としてはこの他に，tokyo.jp などの都道府県型 JP ドメインや，
○○○.jp という形式の汎用 JP ドメインがある．

1.7　TCP/IP

1.7.1　OSI 参照モデル

　離れた場所にあるコンピュータ間でデータをやりとりするには，まずデータ通信用の経路
が必要である．次に，その経路の上でデータを物理的にどう表現するか，またデータの送り
先を一意に同定するための住所の体系など，さまざまな仕組みとそれを実現するための共通
の規格が必要である．

　このようないろいろな約束事をプロトコルと呼ぶ．ネットワークのプロトコルは目的ごと
に独立に決めておくと都合がよい．例えば，有線や無線の経路でデジタルデータをそれぞれ
どう表現するかと，ウェブのデータをサーバとクライアントの間でどうやりとりするかは，
次元の異なる話なので，それぞれ独立してプロトコルを決めておく方がよい．

　これらのプロトコルを階層化して整理しようというモデルが国際標準化機構（international
organization for standardization：ISO）が提唱する OSI（open systems interconnection）参照モ

デルである.

OSI 参照モデルを表 1.4 に示す.

表 1.4　OSI 参照モデル

第 7 層	アプリケーション層	送受信するデータを利用する応用ソフトウェア
第 6 層	プレゼンテーション層	送受信するデータの表現形式を決め変換を行う
第 5 層	セッション層	論理的な通信路の確立と制御を行う
第 4 層	トランスポート層	データの分割，誤り制御や再送制御を行う
第 3 層	ネットワーク層	アドレスのつけ方などを規定し，データ伝送の経路制御を行う
第 2 層	データリンク層	パケットの送り方を規定，データの誤り検出を行う
第 1 層	物理層	通信回路のコネクタ等，物理的な規格を定める

1.7.2　TCP/IP の構造と仕組み

ネットワークのモデルとして，ISO の OSI 参照モデルより現実的で実際にインターネットで使われているのが TCP/IP モデルである．TCP/IP モデルの概要を表 1.5 に示す.

表 1.5　TCP/IP モデルの概要

層	プロトコルの例
アプリケーション層	SMTP, HTTP, POP3, IMAP4
トランスポート層	TCP, UDP
インターネット層	IP
リンク層	イーサネット，Wi-Fi

TCP/IP は OSI 参照モデルと比べて層の個数が少なくわかりやすいが，OSI 参照モデルの方がより細かい点について説明できるため，以下では両方のモデルを織り交ぜて順に説明していく.

(1)　データを送る物理的な仕組み—物理層　　現在のコンピュータはさまざまなデータを 2 進数で表している．したがって，コンピュータ間でやりとりされるのは 2 進数で表されたデジタルデータということになる．この場合，データを送るには，

1）データを送る通信経路

2）0/1 を表すための物理的な方法

の両方が必要となる．これをネットワークの「物理層」と呼ぶ．例えば，導線を使った有線の通信の場合，電圧の大小を 2 進法の 0 と 1 に対応させればデジタルデータの伝達が可能になる.

ネットワークを介した通信を実現するためのハードウェアはネットワークインターフェース回路（network interface circuit：NIC）と呼ばれ，コンピュータに内蔵されている.

(2)　ネットワークインターフェース回路と物理アドレス　　郵便物を相手に届けるには，郵便を配送する物理的な仕組み（ネットワークの場合は物理層）とは別に住所と宛名が必要である．ネットワークを介したデータ送信でも，世界中のコンピュータの中から送り先を一つに同定するための住所と名前の体系が必要である.

名前については，NIC に対しては「00-1B-8B-BF-42-BF」のような世界中で唯一固有の 6 バイトの番号が製造時に与えられている．これを物理アドレスまたは MAC アドレス（media access control address）と呼ぶ．一般に最初の 3 バイトがメーカ名，次の 1 バイトが機器の種類，最後の 2 バイトがシリアル番号である.

演習 1.2

自分のコンピュータの NIC の物理アドレスとメーカ名を調べなさい．Windows の場合，コンピュータについている NIC の物理アドレスは，コマンドプロンプトを使って「ipconfig /all」というコマンドで調べることができる．同様に，Mac ではターミナルを使って「ifconfig -a」というコマンドで調べることができる．

(3) LAN とデータリンク層　LAN の中でのデータ通信は宛名として物理アドレスを使用するイーサネットというプロトコルが使われることが多い．イーサネットは，さまざまな種類の物理層（例えば有線や無線）を土台として実現されているコンピュータ間データ通信の規約ということになるが，このレベルは TCP/IP モデルではリンク層と呼ばれている（表1.5）．

イーサネットでは，各コンピュータは，データに宛先の物理アドレスと自分の物理アドレスなど必要な情報を付加したフレームという単位を作って物理層に送り出す．1 つのフレームの大きさは 61～1518 バイトであり，データの大きさが 1500 バイト以上のときは複数のフレームに分割して送られる．

各 NIC はイーサネット上を流れるフレームを常時監視しており，宛先が自分の物理アドレスである場合はそのフレームを受け取ってデータを取り出すことにより，データを受信する．送信の際は宛名やデータをもとにフレームを作成し，イーサネット上を他のフレームが流れていないことを確認してフレームを送り出す．また，同時に 2 つ以上のフレームが 1 本の同じ LAN ケーブルに送り出されたときは，フレームは廃棄され，一定時間おいて再送される．この待機時間はランダムに変化し，同時送信が生じないように調整されている．

(4) IP アドレスとネットワーク層　インターネットはたくさんのネットワーク（LAN や WAN）が相互に接続された複雑かつ大規模なネットワークであるが，サーバや PC が直接インターネットに接続されるわけではなく，LAN の入り口（インターネットとの接続点）に置かれた「ルータ」と呼ばれる機器を介してデータを送受信している．

同じ LAN 内にあるコンピュータ間の通信は物理アドレスにより可能である．NIC には世界で 1 つしかない番号が与えられているので，理論的には異なる LAN に属するコンピュータ間でも物理アドレスにより通信が可能であるが，現実には困難である．同じコンピュータに通信をする場合に，そのコンピュータが東京にある場合と，ニューヨークにある場合では，データを送り届けるための経路も当然異なる．郵便を届けるのに宛名の他に住所が必要なように，物理アドレスの他にネットワーク上の位置を特定できる情報が必要となる．そのために工夫されたのが 1.6.2 項で説明した 4 バイト（32 ビット）からなる IP アドレス（IPv4）である．

LAN 内のコンピュータから LAN の外へデータを送る場合は，ルータは送り元の PC からLAN を通して送られてきたフレームの中から送り先の IP アドレスとデータを取り出して IPパケットというデータ転送の単位にしてインターネットへ送り出す．その際，送り先の IP アドレスを見て，一番効率のよい経路を選んでデータを送信する．これは例えば東京の集配所から小包（パケット）をトラックで送り出す場合に，北海道宛の小包（パケット）と九州宛の小包では異なる経由地に送り出すことと同じことである．

データサイズが大きい場合はいくつかの IP パケットに分けてデータが送られる．これは例えば家具の部品が多くて 1 個の小包で送れない場合に，複数の小包に分けて送るようなものである．

小包が目的地に届けられるまで，いくつかの集配所を経由するように，IP パケットはインターネット上のいくつかのルータを経由して目的地に届けられる．この機能はネットワーク層，またはインターネット層と呼ばれる（プロトコル名は IP）．

演習 1.3

自分のコンピュータの NIC の物理アドレスと，それに割り当てられている IP アドレスの対応を調べなさい．なお，ネットワーク接続の状態は「ipconfig」コマンドで調べることができる．

---

(5) 信頼のできる通信—トランスポート層　IP によりインターネットを経由して送られてきた IP パケットは，送信された順に並べ直して元のデータを復元することになる．しかし，すべての IP パケットが同じ経路を通って届くわけではなく，また途中のルータや経路の不具合で遅れる，不着になるなどの事態も考えられる．

そこで考えられたのが，データ送信の手段としては IP を使いながらも，送り手と受け手が相互に通信が成功しているかどうかを，これも IP を使って情報交換することにより，完全な転送を実現する方法である．受け手は IP パケットを無事に受け取ったら，確認応答（acknowledgement：ACK）を送信元に送る．送信元は ACK が一定時間経っても戻ってこなければ IP パケットは未着と判定して再送する．この方法を TCP（transmission control protocol）と呼び，ネットワークの階層の中ではトランスポート層と呼ぶ．IP とそれを使った TCP によりインターネットを介した信頼できる通信が可能になる．両者を合わせて TCP/IP と呼ぶ．

なお，トランスポート層のプロトコルとしては送達確認を行わない UDP（user datagram protocol）もあり，途中でデータが多少欠落しても構わないが素早い転送が要求される音声や画像の転送に用いられている．

(6) 応用ソフトウェアとアプリケーション層　ウェブブラウザやメーラなどインターネットの上で動く応用ソフトウェアは，これまで述べたプロトコル群を土台として稼働する．これをアプリケーション層と呼んでいる．アプリケーション層で用いられるプロトコルとしては，ウェブサーバとブラウザ間でデータの送受信を行う HTTP，電子メールの送信を行う SMTP，電子メールの受信を行う POP3，IMAP4 などがある（p.15 参照）．

2

インターネット上のサービスと情報リテラシー

2.1 サーバとクライアント

ネットワークに繋がったコンピュータは，サーバとクライアントの2つに大きく分けることができる（1.1.6項参照）．メールの送受信やウェブページによる情報提供など，他のコンピュータからのリクエストに応じてサービスを提供するのがサーバ，一般のPCのようにサービスを受けるのがクライアントである．クライアントは他のコンピュータにサービスを提供することはしない．

なお，サーバという用語はサービスを実現するプログラムを指す場合と，そのプログラムが動いているコンピュータ（以下サーバマシン）を指す場合の両方に用いられる．クライアントという用語も同様で，特に区別したいときは「クライアントPC」のようないい方をする．

サーバプログラムには表2.1のようなものがあり，24時間稼働している．なお，ネットワークに接続されたサーバ，PC，ネットワーク機器はホストまたはノードとも呼ぶ．

表 2.1 代表的なサーバ

ウェブサーバ	HTML に基づいて作られた情報を提供する
メールサーバ	電子メールの送受信機能を提供する
ファイルサーバ	ネットワーク上にファイルの保存場所を提供する
プリントサーバ	ネットワークプリンタを通した印刷をサポートする
DNS サーバ	IP アドレスとドメインネームの対応を調べる
DHCP サーバ	ネットワーク設定を自動的に行う機能を提供する
データベースサーバ	データベース機能を提供する

2.2 インターネット上のサービス

インターネットを使って利用できる代表的なサービスには以下のようなものがある．いずれもそれぞれのサービスを実現するサーバプログラムが，インターネットに接続されたサーバマシン上で稼働している（2.1節）．

(1) World Wide Web（WWW） インターネット上で情報を提供する仕組みで，中身はHTML（Hyper Text Markup Language）という言語で書かれたテキストファイル（ウェブページ，ホームページなどと呼ぶ．以下 HTML ファイルと表記する）やマルチメディアのファイルである．あるサーバで提供している HTML ファイルから，インターネット上の他のサーバの情報を参照したり，そこへ移動したりできるハイパーテキストの機能と，画像・音声・動画等のマルチメディアの情報もサポートする表現方法の多様さを大きな特徴とする．サービスを提供するプログラムは WWW サーバまたはウェブサーバ，PC やスマートフォンでウェ

ブページを閲覧するためのプログラムはウェブブラウザと呼ばれている.

(2) クラウドコンピューティング　　これまではクライアント PC にインストールされたアプリケーション・プログラムを使って行っていたさまざまな情報処理（このように必要なハードウェア・ソフトウェアを自前で用意する仕組みをオンプレミスという）を，ウェブブラウザを使って，インターネット上のサーバを利用して行う仕組み（2.3 節）である.

(3) 電子メール（e-mail）　　テキストを主体としたメッセージを，ネットワークを介して交換する仕組み（2.4 節）である.

(4) ブログ（blog）　　blog は weblog の略で，日記的なウェブサイトを指す. 個人的な記録や論評が日々更新されることが基本的な特徴で，意見発信の手段としてもよく利用されている.

(5) ソーシャルネットワーキングサービス（social networking service：SNS）　　人と人とのコミュニケーションを目的として，そのための環境をインターネット上で提供する仕組み（2.5 節）である.

(6) ウェブ会議ツール　　ネットワーク上で複数人が同時参加できるリアルタイムコミュニケーションの仕組み. Zoom, Microsoft Teams, Webex Meetings, Google Meet に代表されるような，さまざまなサービスがある.

2.3　クラウドサービス

　クラウドサービスとは，これまでは個人や企業が所有するコンピュータで保管・運用していたデータやソフトウェアを，インターネットを経由したサービスとして必要な時に必要な分だけ利用者に提供するものをいう. 利点としては，利用者側はコンピュータやスマートフォンなどのクライアント上で動くウェブブラウザさえ利用可能であれば，手元に処理能力の高いサーバなどを置かなくても，さまざまなサービスを利用できることがある. クラウドサービスを利用することで，システムの構築・管理などにかかる費用を削減することができ，業務の効率化やコストダウンが期待できる.

クラウドサービスの分類

• IaaS (infrastructure as a service)　インターネット経由で記憶デバイスや，PC の操作環境（デスクトップ）を共有するといった，ハードウェア機能の提供を行うサービス.

• PaaS (platform as a service)　インターネット経由で仮想化されたサーバのようなプラットフォームとしての機能の提供を行うサービス.

• SaaS (software as a service)　インターネット経由で電子メール，会計処理などのソフトウェアの機能の提供を行うサービス.

2.4　電子メール

2.4.1　メールアカウント

　電子メールを利用するにはメールサーバを利用するための資格（メールアカウント）をもつ必要がある. メールアカウントはユーザ名とパスワードからなり，所有者にはインターネット上で利用できるメールアドレスと，メールを受信するためのメールボックスが与えられる.

　クライアント PC からメールの送受信を行うには，ウェブブラウザを使う方法と，メーラま

たは MUA（mail user agent）と呼ばれる電子メール専用のプログラムを使う方法がある．前者はウェブメールとも呼ばれ，指定されたウェブページにアクセスしてユーザ名とパスワードを入力してログインすると，ウェブブラウザ上でメールの送受信等のすべての操作が可能になる．

後者の場合は，あらかじめ以下に示す情報を設定しておく必要がある．

(1) ユーザ名： （例）username
(2) パスワード： （例）password
(3) メールアドレス： （例）username@domainname.ne.jp
(4) 実名： （例）FirstName LastName
(5) 受信メールサーバ： （例）mailserver.ne.jp
(6) 送信メールサーバ： （例）mailserver.ne.jp

メールの送信プロトコルは SMTP（simple mail transfer protocol）が用いられる．

メールの受信プロトコルはウェブメールの場合 IMAP4（internet message access protocol ver.4）が，メーラの場合 POP3（post office protocol ver.3）または IMAP4 が用いられる．

メールの送信には以下に示す3つのパターンがある．

(1) 新規作成： 相手のメールアドレスを入力し，新たにメールを送信する．
(2) 返信： 受信したメールに返信する．
(3) 転送： 受信したメールを別のメールアドレスに転送する．

メールは，ヘッダ部分と本文（実際に相手に送るメッセージの部分）からなる．以下に代表的なヘッダ名とその内容を示す．

(1) 宛先（To:）： メールを送りたい相手のメールアドレス
(2) 差出人（From:）： 送信者（自分）のメールアドレス
(3) 件名（Subject:）： メールに付けたタイトル
(4) 同報（Cc:）： 宛先以外にも送信する場合のメールアドレス

また，メールにはヘッダと本文以外に，任意のファイル（コンピュータで生成した文書や，デジタルカメラで撮影した写真等）を付けて送ることができる．このファイルを添付ファイルと呼ぶ．

2.4.2 利用上の注意点

電子メールは簡単に利用できる情報伝達手段の一つであるが，使い方を間違えるとトラブルの原因となり，いったんトラブルとなると通常の会話より修復が困難になることが多い．

電子メール送信時の基本的な注意点

・緊急性 電子メールは緊急の連絡には向かない．急ぎの用件は音声通話を利用した方が確実である．

・宛先 宛先を間違えると大きなトラブルになる場合がある．特に返信をする場合は，本当にメールを送信したい相手だけを宛先として選んでいるか，十分に注意する必要がある．

・件名 メールの受信者が忙しい場合などは，メールの件名を見て，そのメールの本文を読むか読まないかを判断することが多い．そのため，適切な件名でない場合は読んでもらえない可能性があることに注意する必要がある．

電子メール受信時の基本的な注意点

• マルウェア　マルウェアとは, コンピュータの利用者に被害を与えることを目的とした悪意のあるソフトウェアのことをいう. 例として, コンピュータウィルス, トロイの木馬, ワームなどがある. マルウェアは主に添付ファイルとして送られてくる.

• フィッシング　フィッシングは本物を装った巧みな文面で本物そっくりの偽サイトに誘導して, アカウントに関する情報を盗もうとする詐欺行為である. ここで, アカウントに関する情報を入力してしまうと, 個人情報の漏洩や金銭的な被害に直結する場合がある.

• 架空請求　架空請求の多くは, 実際には使用していないアダルトサイトなどの使用料を督促するものである.

いずれの場合も, メールの文面により何らかの行動を喚起されるときは (例えば, 自分のアカウントのセキュリティを確保するために再設定をしなくてはいけない, 本当に商品を購入したかどうか相手に確認しなくてはならない等), 常に疑ってかかる習慣が必要となる.

また, 送信者のメールアドレスは, 手紙の差出人と同様に簡単に偽ることができることにも注意が必要である. そのため, 自分の友人の名前やメールアドレスで送信されたように見えるメールでも, 実際の差出人はまったく別の人物である可能性がある.

受信したメールの安全性に少しでも疑問をもったときには, ネットワークの管理者や, 情報の専門家などに相談することが重要となる.

2.5 SNS

SNS とは, ソーシャルネットワーキングサービス (social networking service) の略称であり, 人と人とのつながりという社会的ネットワークをインターネット上で構築することを目的としたサービスのことである.

興味のある題材について意見を交換したり, 同じ趣味をもつ人同士が交流したり, 近隣地域の住民が集まったりと, ネットワークの大きさを一定の範囲に収めることで, 利用者間の密接な交流が可能となる.

代表的な SNS としては, Instagram (写真や動画をアップロードし交流することがメイン), Facebook (実名登録が原則で, ビジネス目的での利用も多い), X (旧 Twitter. 一般的な使用では記述できる文字数は 140 文字以内と少ないが, 趣味や時事問題など幅広い範囲の情報交流が可能), TikTok (1 本 15 秒程度の動画投稿がメイン) などがある.

SNS は, 友人・知人とつながることができ, 便利なコミュニケーションツールといえるが, コミュニケーションの対象が知り合いであるという安心感から, 不用意に個人情報を開示したり, 本来であれば非難されるような内容の投稿をしたりしがちである. 友人の友人が引用を重ねることなどにより, 書き込んだ情報が広く世界中に拡散する危険性もある. SNS は個人的なネットワークではなく, インターネット上に情報が公開されていることに十分注意し, 配慮した書き込みをすることが重要となる. SNS に関する大きな問題に偽ニュース (フェイクニュース) や根拠のない陰謀論の拡散等がある. 自分の価値観と似た人の意見は無条件に受け入れてしまう傾向があるので, 間違った情報を自分が信じてしまってもその誤りに気付かず, 逆に正しい情報として自分の中で強化されていく現象 (エコーチェンバー現象) が起きやすい. このように自分が間違った情報を信じていることに気付くのは難しいので特に注

意が必要である.

2.6 情報リテラシー

インターネットの普及に伴い，さまざまなネットワーク犯罪が起きるようになった．これらの被害にあわないためには，コンピュータやネットワークについての知識とともに，犯罪の手口と防衛策についての知識が不可欠である．また，知識が乏しいために知らない間に自分が加害者になる可能性があるため，注意が必要となる.

2.6.1 ネットワーク犯罪
ネットワーク犯罪には次のようなものがある.

代表的なネットワーク犯罪

• コンピュータやネットワークへの妨害　ウィルスの送付，迷惑メール（スパム），他人のアカウントの使用（なりすまし）.

• 経済的侵害　詐欺（ネット通販詐欺，偽警告，架空請求，ワンクリック詐欺など），クレジットカードの盗用（フィッシング）.

• 個人情報の侵害　個人情報（2.7 節）の不

正取得と利用.

• 知的所有権の侵害　文書，絵，写真，音楽，ソフトウェアなどの著作権の侵害（許諾無しの公開など）.

• 個人の尊厳あるいは人権の侵害　個人に対する中傷，差別的な発言，ストーキングなど.

ネットワーク犯罪の特徴は，加害者の特定が困難な場合が多いことである．IP アドレスの詐称や，所有者に気付かれないようにセキュリティの不十分なコンピュータを乗っ取るなどの方法が使われる．コンピュータウィルスがその手段となることが多いので，ウィルス対策は特に重要である．メールを介したフィッシング（2.4.2 項）と SNS の詐欺広告やネット通販詐欺にも騙されないよう常に注意を払う必要がある.

また，自分自身にその意図がなくてもコンピュータやネットワークについての知識が不十分なために，意図せず加害者の立場になる場合がある．具体的には，

• PC を乗っ取られてスパムの送信手段にされる.
• プライバシーを侵害する.
• 著作権を侵害する.

などがあり，十分に注意する必要がある.

2.6.2 ネットワーク犯罪からの防衛方法
ここまでに説明したさまざまなネットワーク犯罪に対する防御方法としては，可能な限り技術的な対応をした上で，コンピュータを使う際の注意を怠らないことが重要となる.

技術的な対応としては，まずコンピュータウィルス対策ソフトを使用し，ウィルス対策のための情報データベースを常に更新することが必要となる．コンピュータウィルス対策をしていない PC は，何らかのウィルスに感染した場合，感染被害を拡大させ，周りの利用者に迷惑をかける可能性が非常に高いためである.

また，ネットワークの出入り口にあたる部分にファイアウォール（防火壁）と呼ばれるセキュリティ対策装置を設置して，悪意のある通信がネットワーク内部に侵入しないように対

策を講じておくことは，ネットワーク管理者の重要な責務である．

　以下に，ネットワーク利用者が注意すべき点を挙げておく．

ネットワーク利用時の注意点

　(1) PC では，信頼できるコンピュータウィルス対策ソフトを使用すること．

　(2) 送り元の身元が確かではない電子メールに添付されたファイルには，コンピュータウィルスやトロイの木馬などのマルウェアが隠されている場合がある．中身に確信がもてない場合はメールを読まない，あるいは添付ファイルを開かない，などの対応をとること．

　(3) メール内にウェブページへのリンクがあり，そのリンクをクリックしてウェブサイトにアクセスすると，セキュリティ対策強化のためなどと称して，アカウント情報やパスワードなどの情報の提供を促される場合がある．メール内のリンクからアクセスを始めた場合は絶対にアカウントを使ってログインしたり，個人情報を提供したりしないこと．

　(4) パスワードは他人が簡単に推測できないようなものを使うこと．

　(5) メールシステムには迷惑メールを隔離するための専用の受信トレイがあることが多い．このような迷惑メールの受信トレイを定期的にチェックし，重要なメールが間違って迷惑メールに誤分類されていないか確認すること．

　(6) 身に覚えのない支払要求や，不当な要求には反応しないこと（行政機関や警察から対応方法についての情報が発信されているので，それらを調べて対応する方法もある）．

　(7) 個人情報やメールアドレスの漏洩につながる可能性があるため，本人に無断でメールを転送しないこと．

　(8) 著作者の承諾を得ずに，作品を掲載したり転送したりしないこと．

　(9) 他人を誹謗・中傷しないこと．

　(10) 他から得た情報の真偽を十分に確認せずに拡散しないこと．

　ネットワーク犯罪への対応方法がよくわからないときは，一人で悩んだり放置したりせずに，周囲のネットワーク管理者や，行政機関の担当窓口に相談することが重要となる．

2.6.3　インターネットから得られる情報の信頼性

　インターネットではあらゆる種類の情報が提供され，それらの情報を簡単に利用できるが，得られた情報がすべて正しいものとは限らないことに注意する必要がある．

　間違った情報に惑わされないためには，常に発信元を確認し（二次情報は原則として信用しないこと），必要に応じて一次情報を確認し，さらにその一次情報の信頼度を評価する習慣を身につけることが重要である．

2.6.4　情報倫理

　インターネットにおける他人との関わりにおいて，守るべきエチケット（倫理）は，従来の日常生活における場合と，特別に異なるものではない．メールにおいても SNS においても，他人に不快感を与えることは望ましい行為ではないし，著作権を守り，他者の人権を尊重することは当然のことである．また，日常生活における通常の会話などと異なり，インターネット上で一度書き込んだ情報は，取り消しがほぼ不可能なこと（デジタルタトゥー）は常に意識しておく必要がある．

　いずれにしても，一般的に考えられるマナー違反や違法な行為は，インターネットにおいても同様にマナー違反や違法な行為であることを常に意識するべきである．

2.7 個人情報

　個人情報とは，生存する個人に関する情報であり，大きく2つに分けられる．1つは，個人を識別可能な情報をもつものであり，もう1つは，直接個人を識別可能な情報は含まれていないが，この情報に含まれる記述や，他の情報と組み合わせることで容易に特定の個人を識別することができるものである．

　ある情報が個人情報に該当するためには，以下の3つの要件をすべて満たす必要がある．
- 個人に関する情報であること
- 当該個人の生存者性をもつこと
- 個人識別性をもつこと

個人に関する情報には，書面などの文字情報の他に，個人の映像情報や音声情報も含まれる．

　当該個人の生存者性とは，言及されている個人が生存していることを指す．つまり，歴史上の人物や，架空の人物に関する情報は個人情報とはいえないことになる．しかし，小説内の架空の人物でも，実在の特定個人を識別できれば，これは個人情報として扱われることになる．また，情報を取得した時点では生存していても，その後に本人が死亡した場合には，死亡時点で個人情報ではなくなる（つまり，死亡した本人は個人情報保護の対象ではなくなる）．一方，生存している遺族がいた場合，遺族の個人情報は保護の対象となる．

　個人識別性とは，本人との結びつきが明確であり，その個人の身元を確定させうることを指す．そのため，取り扱い方法によっては本人の権利・利益を害するおそれが高く，個人情報の要件となっている．個人識別性の有無は，社会通念上，一般人の判断力や理解力で，その情報と特定の具体的な人物との間に同一性が認められるかどうかを基準に判断される．取得時に個人識別性がない情報でも，その後に新たな情報が付け加えられたり，容易に照合が可能になったりした結果，個人識別性を備えることもある．この場合，他の2条件も満たされていれば，その時点で個人情報となる．

2.8 個人情報保護

　デジタル社会では，いったん流出した個人情報を回収することは困難であるため，事前規制による予防措置が重要な役割を果たす．個人情報の適正な取扱方法を定めたルールとして，個人情報保護法がある．

　個人情報保護法は，デジタル社会の進展にともない，「個人情報の有用性」に配慮しつつ，個人情報の不適切な取扱いによってさまざまな「個人の権利利益」が侵害されることを未然に防止するために，個人情報を取り扱う際に守るべき適正なルールなどを定める法律である．

　ネットワークの利用に際しては，他人の個人情報を安易に漏らさないように細心の注意を払う必要がある．

2.9 次世代医療基盤法

　世界各国で，収集した「医療ビッグデータ」を解析することで，新薬の開発など医療分野のさまざまな研究開発に利活用する取り組みが進められている．

　日本では医療情報が分散して保有されており，医療分野の研究開発のために，医療情報を

「集める」「つなぐ」ような仕組みを整備することも求められてきた．しかし，医療情報は重要な個人情報を多く含むため，多くの患者からの医療情報をまとめて取り扱うことが今までの個人情報保護法では困難であった．

こういった事柄が背景となり，「医療分野の研究開発に資するための匿名加工医療情報及び仮名加工医療情報に関する法律（次世代医療基盤法）」が制定された．

個人情報保護法の改定が行われ，次世代医療基盤法を実現するために，特定の個人を識別できないように加工された匿名加工情報については，個人情報と比較して緩やかな規律で第三者に提供することができるようになった．

3

ワードプロセッサ

3.1 ワードプロセッサソフトウェアの概要

ワードプロセッサ（word processor）は文書を処理するためのソフトウェアである．

文書を処理するには，単に単語を入力し文を連ねるだけでなく，内容の理解を助けるために章や節，段落や脚註といった文章の構造についても処理できる必要がある．また文を漫然と配置するのではなく，読みやすいように行間や字間を調節したり，段組や余白のような見た目の体裁を整えたりする必要がある．さらには，表現したい内容の理解を助けるために図表のような文章以外のものも取り扱う必要がある．

文章を取り扱うソフトウェアとしてはこの章で取り上げるワードプロセッサ以外にテキストエディタがある．ワードプロセッサは読みやすいように文章の体裁を整えたり，印刷をする機能をもっているが，テキストエディタは簡単なメモや，プログラムのソースコードの入力のために用いられることが多い．

3.2 日本語入力システム

コンピュータで日本語を入力するためのソフトウェアとして IME（アイエムイー：input method editor）がある．代表的なものとして Windows では Microsoft 社の Microsoft IME やジャストシステム社の ATOK（エイトック：Advanced Technology Of Kana-kanji transfer）が，macOS では Apple 社の日本語 IM や macOS 版の ATOK がある．Microsoft IME，日本語 IM，ATOK の基本的な機能はほぼ同じなので，本章では Windows に搭載されている Microsoft IME について説明する．

Microsoft IME（図 3.1）で入力できる文字は「ひらがな」，「全角カタカナ」，「全角英数字」，「半角カタカナ」，「半角英数字」であり，漢字に変換するためには変換キーを押して変換したい漢字に変換する必要がある．また，記号（〒，♨など）についても（ゆうびん，おんせん）などの「読み」で入力することができる．表 3.1 に入力可能な文字の種類とそのサンプルを示す．

表 3.1 Microsoft IME で入力可能な文字の種類

文字種類	例
ひらがな	あいうえお
全角カタカナ	アイウエオ
全角英数字	ＡＢＣＤＥ
半角カタカナ	ｱｲｳｴｵ
半角英数字	ABCDE

3.3 Microsoft Word の概要

Microsoft Word とは Micorsoft 社が提供するワードプロセッサであり，表計算ソフトウェアの Microsoft Excel，プレゼンテーションソフトウェアの Microsoft PowerPoint とともに Microsoft

図 **3.1** Microsoft IME の設定
Microsoft IME の詳細な設定は，Windows 11 の場合「設定」→「時刻と言語」→「言語と地域」→「日本語」→「言語のオプション」→「Microdoft IME」→「キーボードオプション」を選択するか，ツールバー上の Microsoft IME のアイコンを右クリックし「設定」を選択することで行う．このウィンドウ内の「全般」では，句読点の「，」や「．」の初期設定などを行うことができる．自分の好みに応じて設定を変更すれば，Microsoft IME を使いやすい状態にすることができる．

365 のオフィスアプリを構成する主要なプログラムの 1 つである．Microsoft 365 とは，オフィスアプリ，クラウドサービス，セキュリティなどをまとめたプログラム群のことをいう．

Windows 11 では画面下部のタスクバーの中央部分にスタートメニューがあり，その左端のスタートボタンをクリックすると，インストールされているアプリのうちよく使われるものが「ピン留め済み」アプリとして表示される．Microsoft 365 がインストールされると，このメニューの中に Word のアイコンが現れるので，これをクリックして Word を起動する．

3.4 ファイルの作成と保存

Word を起動させると図 3.2 のような画面となる．この画面では，文書の基本構造やレイアウトがあらかじめデザインされているテンプレートの一覧が表示される．表示されるテンプレートの数は，開いているウィンドウの大きさに依存するので，全部見たい場合は「その他のテンプレート」をクリックする．

まったく新しいデザインで最初から文書を作成したい場合は，このテンプレートの一番最初にある「白紙の文書」を選択すれば「文書 1」と仮の名前がつけられた新しい文書が開か

図 **3.2** Word の起動画面

図 3.3　白紙の文書とリボンの概要

れる（図 3.3）．開かれた文書では，ウィンドウの上部にファイルの保存のためのアイコンや，現在の文書名，文書内の検索窓などが表示される．その下部に，Word の各種の操作をまとめたリボンと呼ばれる領域が示され，さらにその下部に白紙の状態にある文書作成エリアが表示される．

> **演習 3.1**
> Word を起動して白紙の文書を作成しなさい．

Word のリボン（図 3.3）は作業に必要な機能ごとに整理されたタブにまとめられている．Word では［ファイル］，［ホーム］，［挿入］，［描画］，［デザイン］，［レイアウト］，［参考資料］，［差し込み文書］，［校閲］，［表示］などのタブが存在する．最初の状態では［ホーム］タブが選択されており，選択されているタブの下部にアンダーラインが付いていることがわかる．

タブの数はコンピュータの環境によっても変化する．筆者の環境では Adobe Acrobat Pro がインストールされているため，Acrobat PDFMaker のタブが追加されている．

リボンの内容は Word を開いているウィンドウの大きさに依存する．本書ではウィンドウの大きさが小さい場合を想定して解説する．

> **総合課題 3.1**
> 章末の【資料 1】の文章を入力しなさい．

課題の文章をすべて入力し終えたら，次はその文章を保存する．リボンの［ファイル］タブを選択すると図 3.4(a) の画面になる．図 3.2 の画面とよく似ているが，ウィンドウの左側が異なっていることに注意して欲しい．左側のメニューから［名前を付けて保存］を選択すると図 3.4(b) の画面となる．

3.5　フォント

ワードプロセッサでは，文字の大きさ，色，書体などを自由に変更することができる．フォントの設定は，リボンの［ホーム］タブの［フォント］メニューで行う．はじめに新しい白

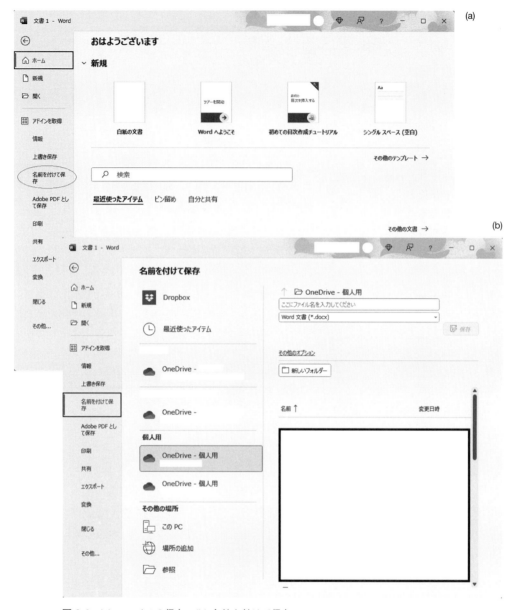

図 3.4 (a) ファイルの保存, (b) 名前を付けて保存

［名前を付けて保存］の右上側の［ここにファイル名を入力してください］とあるところにファイル名を入力する．ファイル名は後で内容がわかるような名前を付けるのが原則である．このまま保存すると Microsoft のクラウドサービスである，OneDrive に保存される．もし自分のコンピュータに保存したい場合は，必要に応じて画面左下の［参照］アイコンをクリックして，自分のコンピュータの適切なフォルダに保存する．

ファイル名入力欄の下にある「Word 文書（*.docx）」のプルダウンメニューで，保存するファイルの形式を変更することができる．形式を変更することで保存したファイルを Word 以外のプログラムで操作することが可能となる．

紙の文書を作成し，図 3.5 に示す例文を入力してみよう．

演習 3.2

図 3.5 に示す内容の文書を作成しなさい．

文字の大きさ 10.5pt

文字の大きさ 24pt

太字

斜体

<u>下線</u>

下付き文字 H_2O

上付き文字 m^3

文字の背景色を黄色に

文字の色を赤に

フォントを游ゴシック Light に

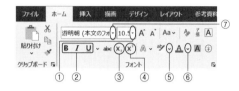

図 3.5 フォントの種類

最初の行の「文字の大きさ 10.5 pt」は，フォントは「游明朝」，大きさは「10.5 pt（ポイント）」である．これは特に設定をしていなくも初期設定となっているので，そのまま入力できる．

次の行の「文字の大きさ 24 pt」は，まずこの行をそのまま入力し，次にこの行全体を選択し，[フォント] メニュー内にある「游明朝」の右側にある数字の右側の [∨] 部分（①）をクリックするとプルダウンメニューが開くので，「24」という数字を選択することで文字の大きさを変更する．

つづく「太字」，「斜体」，「下線」の 3 行は，それぞれの行を選択した後，[フォント] メニューの [**B**]，[*I*]，[U] のボタン（②）をクリックすることで文字を修飾できる．

文字の「下付き」，「上付き」とは文字の右下，右上に小さな文字を付けるときに使用される．「下付き文字 H_2O」の「2」の部分を選択してから，[フォント] メニューにある [x_2] ボタン（③）をクリックすると，その文字が小さくなり文字の下側に移動して「H_2O」となる．また「上付き文字 m^3」の「3」の部分を選択してから，[フォント] メニューにある [x^2] ボタン（④）をクリックすると，その文字が小さくなり文字の上側に移動して「m^3」となる．

文字の背景色は，変更したい文字列「文字の背景色を黄色に」の部分を選択し，[フォント] メニュー内の「ペンの下に黄色の線がある」アイコンの右側にある [∨] 部分（⑤）をクリックし，変更したい色（この場合は黄色）を選択することで変更可能である．また，文字色は，変更したい文字列「文字の色を赤に」の部分を選択し，[フォント] メニュー内の「アルファベットの A の下に赤色の線がある」アイコンの右側にある [∨] 部分（⑥）をクリックし，変更したい色（この場合は赤色）を選択することで変更可能である．最後の文字の書体は，変更したい文字列「フォントを游ゴシック Light に」の部分を選択し，[フォント] メニュー内の「游明朝」の右側にある [∨] 部分（⑦）をクリックし，変更したいフォント名（この場合は游ゴシック Light）を選択することで変更可能である．

一度行った操作を取り消したいときは，Word の画面左上隅の部分にある取り消しボタン（図 3.6 丸で囲った矢印）をクリックすることで実現できる．この機能は後述する「ショートカット」の [Ctrl]+[Z] でも実現できる．取り消しボタンの右側にある [∨] 部分をクリックすることで，過去の操作を順にさかのぼって取り消すこともできる．

図 3.6 取り消しボタン

3.6 データの再利用

ワードプロセッサの利点の一つとして，データの再利用がある．一度入力した文章をコピーしてその一部を修正して再利用することは文章の作成上よくあることである．まず，【総合課題 3.1】で作成した文章の一部を改変してみよう．

[ファイル] タブ→[開く] を選択して，【総合課題 3.1】で作成したファイルを開く．次に文章全体を選択し，[ホーム] タブの [クリップボード] にある [コピー] アイコン（図 3.7 丸印）をクリックする．

図 3.7 コピー

次に［ファイル］タブ→［新規］で新規ファイルを作成するウィンドウを開き，［白紙の文書］をクリックする．開かれた「文書2」のファイルにおいて，［ホーム］タブの［クリップボード］にある［貼り付け］アイコンをクリックすると，先ほどコピーした文章がペーストされる．

次に，この文章の一部を改変する．現在，この文章の句点として「。」が用いられている．この句点を「．」に変更する（図3.8）．もちろん，一つずつ変更することは可能であるが，文章の量が多くなると大変な作業となる．

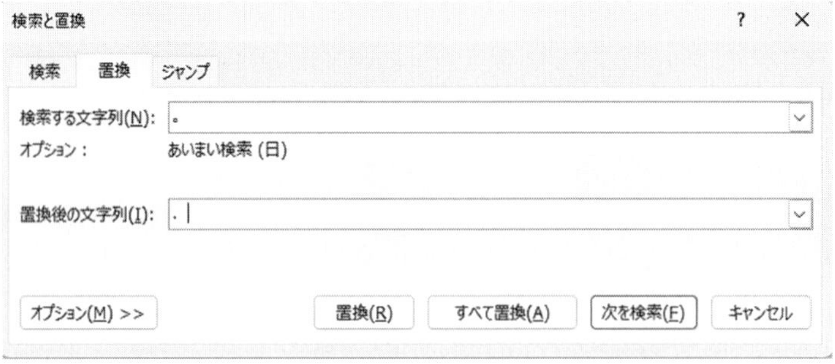

図 3.8　置換
「文書2」において［ホーム］タブの［編集］をクリックしてメニューを開く，さらに［置換］をクリックする．そうすると図のようなウィンドウが開くので，［検索する文字列］に「。」を，［置換後の文字列］に「．」を入力する．［すべて置換］を実行すると，文章中の「。」がすべて「．」に置き換わっていることがわかる．［置換］ではなく［検索］を使えば，文章中で使用されている語句を探すこともできる．

演習 3.3

総合課題3.1で作成した文書の読点，句点を実際に変換しなさい．

3.7　ショートカット

「コピー」，「ペースト」，「検索」，「置換」といった作業は頻繁に行われる．そこで作業の効率を高めるために，リボン上のアイコンをクリックするのではなく，「ショートカット」と呼ばれるキー操作により，これらの機能を使用する方法がある．表3.2に主なショートカットの一覧を示す．表中の[Ctrl]+という表記は，キーボードの「コントロールキー（[Ctrl]）を押しながら」という意味である．つまり[Ctrl]+[X]とあったらコントロールキーを押しながら「x」キー（小文字で構わない）を押すという意味である．また，[Ctrl]+[Z]は，Wordの取り消しボタン（図3.6）と同じ操作である．

表 3.2　主なショートカット

キー操作	対応する機能
[Ctrl]+[C]	コピー
[Ctrl]+[X]	カット（切り取り）
[Ctrl]+[V]	ペースト（貼り付け）
[Ctrl]+[A]	全範囲を選択
[Ctrl]+[Z]	直前の操作を元に戻す
[Ctrl]+[Y]	直前の操作をやり直す
[Ctrl]+[F]	検索
[Ctrl]+[N]	ファイルを新規作成
[Ctrl]+[O]	ファイルを開く
[Ctrl]+[W]	ファイルを閉じる
[Ctrl]+[S]	ファイルの保存
[Ctrl]+[P]	印刷

3.8 オブジェクトの挿入

Wordでは［挿入］タブを選択することにより，表，図，写真などさまざまなもの（オブジェクトと呼ぶ）を文書に挿入することができる．

a. 表の挿入

まずは表を挿入してみよう．新しい「白紙の文書」を作成し，［挿入］タブを選択する．表のアイコンをクリックすると図3.9のようなメニューが表示される．

メニューの上半分を構成する8行10列の□は表の行と列の大きさを示している．例えば4行6列の表を作成しようと思ったら，このメニューの上から4行目，左から6列目の□にマウスカーソルを合わせれば自動的に対応した表が作成される．この方法では視覚的に表の大きさを確認できるので，望みの大きさの表を簡単に作成できる．

一方で，作成したい表の大きさを数値で直接指定することもできる．その場合は図3.9の［表の挿入］のメニューから［表の挿入(I)...］を選択して図3.10のメニューを呼び出し，列と行の数値（列数，行数）を入力する．

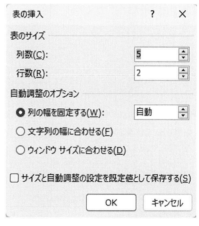

図 **3.9** 表の挿入　　　　図 **3.10** 表の列数と行数の指定

また，単純な表ではなくExcelのワークシート（第5章）をWordの中に埋め込むこともできる．図3.9の［表の挿入］メニューから［Excel ワークシート (X)］を選択すると，ワークシート・オブジェクトが埋め込まれる（図3.11）．このオブジェクトを選択している間は，リボンメニューがExcelのリボンメニューに切り替わり，Excelの機能を使用することができる．作業終了後にオブジェクト以外の場所をクリックすると，リボンメニューは通常のWordのリボンメニューに戻り，表も通常の表のように表示される．ただし，この表をダブルクリックすればいつでもExcelのリボンメニューを呼び出してExcel上での作業を行うことができる．

総合課題 3.2

章末の【資料2】の表を作成しなさい．

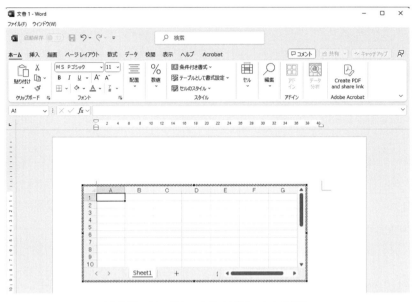

図 3.11 ワークシートのオブジェクトの挿入

図 3.12 画像の挿入

図 3.13 (a) ストック画像，(b) オンライン画像

b. 図や写真の挿入

［挿入］タブでは画像や図形を挿入することもできる．図3.12の画像アイコンをクリックすると，［画像の挿入元］というメニューが表示される．使用しているPC内の画像を挿入したい場合は［このデバイス…(D)］をクリックし，挿入したい画像ファイルを選択する．

Microsoft 365の利用者であれば，［ストック画像…(S)］をクリックすることで，画像，アイコン，イラストなどのライブラリにアクセスすることができる (図3.13(a))．

インターネット上にある画像を検索したい場合は［オンライン画像(O)］を選択する (図3.13(b))．

演習 3.4
ストック画像から，何か1つの画像を選択して白紙の文書に挿入しなさい．

c. 図形の描画方法

あらかじめ存在する画像だけでなく，自ら図形を描画することもできる．図3.12の［図形］をクリックすると図3.14のメニューが表示される．描画したいアイコンをクリックすることで，直線，四角，楕円，三角，矢印といった図形を文書内に直接描画することができる．また描画した図形は文書内で大きさや方向などを自由に再調整できる．

演習 3.5
白紙の文書に実際に図形を挿入して，その大きさ，枠線の太さ，色を変更しなさい．

d. 空白のページ，ページ区切り

［挿入］タブではこの他に図3.12の［ページ］をクリックすることで，「空白のページ」や「ページ区切り」を挿入することができる (図3.15)．「ページ区切り」は新しい章を新しいページから始めたい場合などに便利である．もし改行などでページ区切りを調整すると，前の章の文章を改変したときにページの区切りの位置がずれてしまうことがある．しかし「ページ区切り」を挿入しておけばそのようなことは生じない．

3.9 レイアウトを整える

a. 段落

ワードプロセッサでは，段落ごとに文字の位置を左・中央・右に揃えたり，箇条書きを簡単に作成したりすることが可能である．新しい白紙の文書を作成し，図3.16に示す例文を入

図 **3.14** 図形の挿入

図 **3.15** ページ区切り

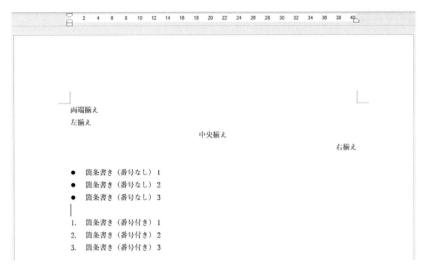

図 3.16 文字の位置・箇条書きの例文

力する.

図 3.16 の最初の行の［両端揃え］は Word の標準モードであり，特に指定しなければこの状態になる．［左揃え］，［中央揃え］，［右揃え］はそれぞれ，各段落を選択した後［ホーム］タブの［段落］をクリックし（図 3.17）［左揃え］，［中央揃え］，[右揃え］のアイコン（図 3.17 ①，②，③）をクリックすることで実現できる.

番号のない箇条書きは図 3.16 の［箇条書き（番号なし）1〜3］の 3 行を選択し，図 3.17④をクリックすることで実現できる．同様にして，番号付き箇条書きは図 3.16 の［箇条書き（番号付き）1〜3］の 3 行を選択し，図 3.17⑤をクリックすることで実現できる.

図 3.17 文字の位置・箇条書きのメニュー

これらの段落に関する情報は，図 3.17 で丸で示した部分をクリックすることで表示することができる.

> **演習 3.6**
> 実際に箇条書きを作成，そのスタイルを数字，アルファベットなどに変更しなさい.

b. 文字列の方向・段組

ワードプロセッサは横書きだけでなく，日本語の縦書きにも対応している．図 3.18 の［レイアウト］タブの左側にある［文字列の方向］をクリックすると［横書き］，［縦書き］などのメニューが表示される.

図 3.18 文字列の方向のメニュー

図 3.19 縦書きの例

図 3.20 段組みの例

ここで［縦書き］を選ぶと，図 3.19 のような縦書きの文章を作成することが可能となる．1 ページの中に複数の段組みを作成することも可能である．図 3.18 の［段組み］をクリックすると［1 段］，［2 段］，［3 段］などのメニューが表示される．ここで［2 段］を選択すると，文章は図 3.20 に示すように中央で分離されて 2 段組みとなる．この段組みはページ上の任意の場所で変更可能で，同一ページ内に複数の段組みをもつことができる．

文字の書き始めの位置を変更させて，文章の構造を明確にしたい場合がある．そのとき「空白」を挿入することで，文字の開始位置を調整することもできるが，複数の行にわたって変更する場合は［インデント］の機能を使うとよい．例えば，図 3.21 の［インデント］の数値を変更すると文字の開始位置を変更することができる．ここで［インデント］の最初の項目（左側の位置変更）を 5 文字に変更すると，図 3.21 のように文字の開始位置を 5 文字分だけ左側に変化させることができる．インデントを変更する位置は段落と同様にページ上の任意の位置で変更可能である．

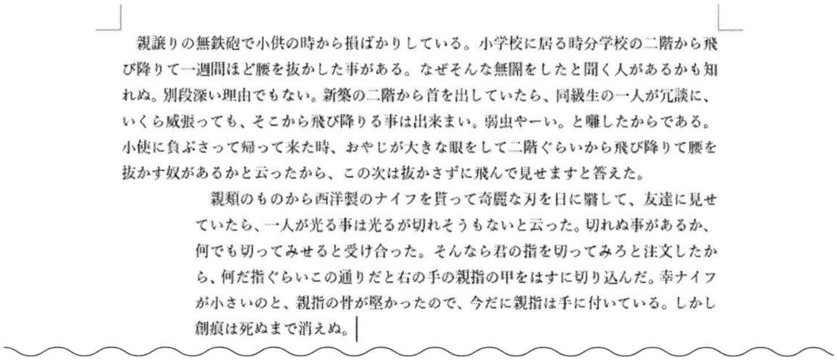

図 3.21 インデントの例

図 3.22 ルーラーメニュー

> **演習 3.7**
> 【総合課題 3.1】で作成した文章の 2 行目以降を 3 文字インデントしなさい．

ページ内の上下左右には空白の部分がある．この部分を「余白」と呼ぶが，この余白も［レイアウト］タブで調節可能である．図 3.18 の［余白］をクリックすると［標準］，［狭い］，［やや狭い］，［広い］などのメニューが表示される．例えば，［狭い］余白を選択すると，文章の見た目の印象が大きく変わることがわかる．

3.10 ルーラー

［表示］タブの中の［表示］をクリックすると，「ルーラー」や「グリッド線」の機能をオン・オフにするメニューを開くことができる（図 3.22）．

ルーラーとは目盛りがついた定規であり，通常は，最初から表示されていて，カーソルの位置の確認や調整のために用いられる．ルーラーが表示された状態を図 3.23 に，ルーラーが隠された状態を図 3.24 に示す．

図 3.23 の文章では，段落の最初で 1 文字下げる設定になっている．そのため図 3.23 のルーラーの上側の三角のマーク（1 行目のインデント）の位置が 1 文字分右にずれている．このマークをクリックしてドラッグすると，段落ごとの文字開始位置をずらすことができる．同

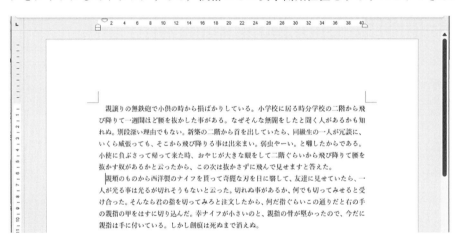

図 3.23 ルーラーが表示された状態

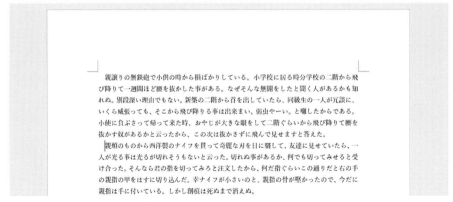

図 3.24 ルーラーが隠された状態

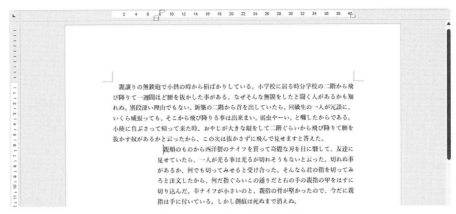

図 3.25　ルーラーの位置の変更

様に下側の三角マークをクリックしてドラッグすると，2 行目以降の文字開始位置をずらすことができる（図 3.25）．

> 演習 3.8
> 【総合課題 3.1】で作成した文章にグリッド線をつけなさい．

3.11　その他

a.　数式の挿入

文中に数式を挿入するには，［挿入］タブの［記号と特殊文字］をクリックし，［記号と特殊文字］のメニューを表示させる（図 3.26）．［数式］の下側の［∨］をクリックすると，図 3.27 のような定型の数式パターンが提示されるので，挿入したい数式があればメニューから簡単に挿入可能である．このメニューにない数式を挿入したければ，図 3.26 の［数式］部分を，あるいは図 3.27 の［新しい数式の挿入 (I)］をクリックすると，図 3.28 のようにリボン

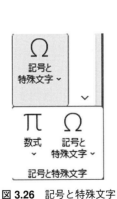

図 3.26　記号と特殊文字

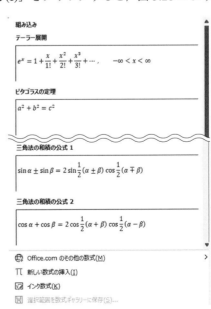

図 3.27　数式メニュー

図 3.28 リボンの数式メニュー

のメニューが［数式］に切り替わり，文章中に数式の入力部分が表示されるので，ここに自分の望む形式を挿入することができる．

b. 特殊文字の挿入

郵便番号のマークのような特殊記号を挿入するには，図 3.26 で示した［記号と特殊文字］のメニューの［記号と特殊文字］をクリックする．そうすると図 3.29 のようなメニューが表示されるので，挿入したい記号を選んでクリックすることで，特殊記号を簡単に挿入できる．3.2 節で説明したように「読み」で記号を入力することもできる．挿入したい記号が見つからないときには，［その他の記号 (M)...］をクリックすると現れる一覧（図 3.30）の中から挿入したい記号を探すとよい．

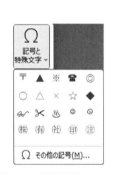
図 3.29 特殊記号メニュー

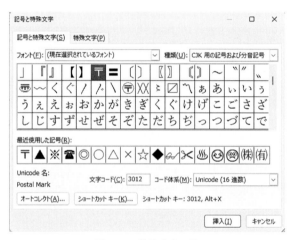
図 3.30 特殊文字一覧

c. 英文スペルチェックと文字カウント

［校閲］タブ（図 3.31）の［スペルチェックと文章校正］をクリックすると，文中の英文のスペルミスを見つけることができる．［文字カウント］をクリックすると，文字数をカウントすることもでき，現在までに何文字書いたかを簡単に確認することができる．

d. コメントの挿入

［校閲］タブ（図 3.31）のコメントをクリックすると，［コメント］のメニューが開く（図

図 3.31 校閲メニュー

3.32）．［新しいコメント］をクリックすることで，文中の任意の場所にコメントを挿入することができる．【総合課題 3.1】で作成した文章の「無鉄砲」のところを選択し，コメントを挿入した例を図 3.33 に示す．

このように文章にコメントを付けることで思いついたことをメモ書きしたり，他の人の書いた文章に注釈を付けたりすることも可能となる．このコメントは［コメント］のメニュー（図 3.32）の［コメントの表示］をクリックすることで，コメント自体を消すことなく自由に表示と非表示を切り替えることができる．

図 **3.32** コメントメニュー

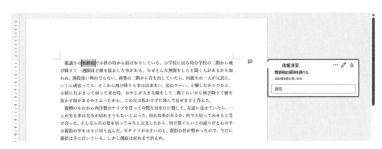

図 **3.33** コメントの例

コメント欄にはコメントを付けた人の情報（この例では「情報演習」）が表示されるようになっており，誰がコメントを付けたのかを容易に判別できるようになっている．

e．ヘッダー・フッターの挿入

文章のページ番号のようにページの上下の余白に一定のパターンを表示させたい場合がある．上側の余白をヘッダー，下側の余白をフッターといい，［挿入］タブの［ヘッダー］，［フッター］からそれぞれ挿入することができる（図 3.34）．実際にヘッダー，フッターを挿入した例を図 3.35，図 3.36 に示す．

図 **3.34** ヘッダー・フッターメニュー

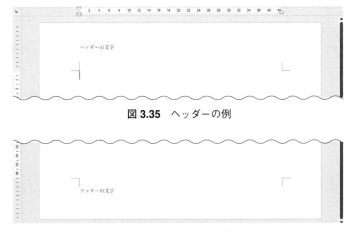

図 **3.35** ヘッダーの例

図 **3.36** フッターの例

> **演習 3.9**
> フッター部分にページ番号を追加しなさい．

f. 変更操作の記録

Wordでは文章をどのように修正したかの記録を残すことができる．［校閲］タブの［変更履歴］をクリックすると，［変更履歴］のメニューが開く（図 3.37）．［変更履歴の記録］をクリックすることで記録を開始することができる．変更履歴を記録すると，他の人が作成した文書を校正する場合など，どこを修正したかがわかるので大変便利である．変更履歴やコメントを表示するかどうかは，［変更履歴とコメントの表示］により切り替え可能である．

図 3.37　変更履歴

g. デザインの設定

Wordでは文字に「表題」，「副題」，「見出し 1」，「見出し 2」，「標準」，「強調斜体」，「強調太字」などのスタイルを設定することができる．これらのスタイルは文字にカーソルを合わせた状態で［ホーム］タブの［スタイル］をクリックすることで確認することができる（図 3.38）．図 3.38 の［スタイル］のメニューにおいて，［見出し 1］の部分が選択されており，現在のカーソル位置の文字が［見出し 1］であることを示している．［見出し 1］のフォントの大きさが 16 pt となっているが，これは文字のスタイルとして［見出し 1］を選択すると自動的に設定されるもので，利用者が意図的に指定したものではない．

図 3.38　スタイルメニュー

各スタイルの文字の大きさ，色，書体などは，あらかじめデザインタブ内の［ドキュメントの書式設定］として定義されている．［デザイン］タブで現在のドキュメントの書式設定を見ることができる（図 3.39）．20 種類程度のデザインが異なる書式設定が，あらかじめ［組み込み］として用意されている．図 3.38 および図 3.39 の書式は標準の書式であるが，これを

図 3.39　ドキュメントの書式設定の例

図 3.40　書式の変更例

例えば［デザイン］タブの一番右側にある［影付き］の書式に選択すると，文章の内容や構造には一切手を触れることなく，文章のスタイルだけを変更することができる（図 3.40）．

h.　オプションの設定

［ファイル］タブで［その他...］→［オプション］（図 3.41）をクリックすると，各種オプションを変更することができる（図 3.42）．

ここで［文章校正］をクリックすると Word が自動的に行っている各種の校正機能をオン・オフすることができる（図 3.43）．Word の［オートコレクト］は意図しない動作を引き起こすことがあるので，オフにした方がよい場合もある．図 3.44 にオン・オフ可能な［オートコレクト］の一覧を示すので，［オートコレクト］が邪魔と感じたときは，ここで修正するとよい．

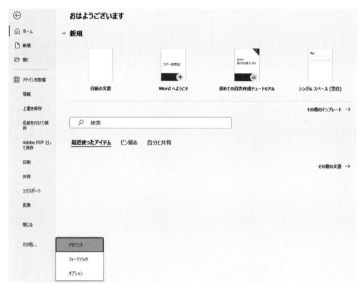

図 3.41　オプションメニュー

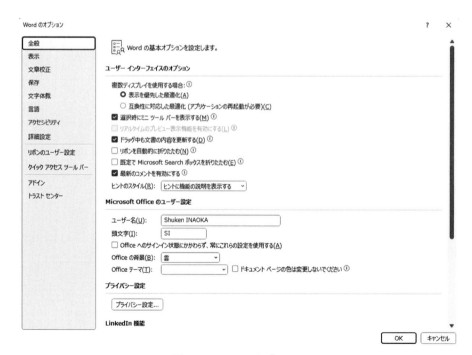

図 3.42　Word のオプション

図 3.43　オートコレクションとオートコレクトの設定

図 3.44　オートコレクトの設定

資料1　夏目漱石『坊っちゃん』

　親譲りの無鉄砲で小供の時から損ばかりしている。小学校に居る時分学校の二階から飛び降りて一週間ほど腰を抜かした事がある。なぜそんな無闇をしたと聞く人があるかも知れぬ。別段深い理由でもない。新築の二階から首を出していたら、同級生の一人が冗談に、いくら威張っても、そこから飛び降りる事は出来まい。弱虫やーい。と囃したからである。小使に負ぶさって帰って来た時、おやじが大きな眼をして二階ぐらいから飛び降りて腰を抜かす奴があるかと云ったから、この次は抜かさずに飛んで見せますと答えた。

　親類のものから西洋製のナイフを貰って奇麗な刃を日に翳して、友達に見せていたら、一人が光る事は光るが切れそうもないと云った。切れぬ事があるか、何でも切ってみせると受け合った。そんなら君の指を切ってみろと注文したから、何だ指ぐらいこの通りだと右の手の親指の甲をはすに切り込んだ。幸ナイフが小さいのと、親指の骨が堅かったので、今だに親指は手に付いている。しかし創痕は死ぬまで消えぬ。

資料2　さまざまな自治体の水道局のデータ

項目	東京都	札幌市	横浜市	名古屋市	大阪市	福岡市
給水人口（人）	13,615,467	1,965,008	3,762,046	2,457,438	2,753,819	1,556,561
導送配水管延長（km）	28,115	6,136	9,433	8,604	5,220	4,208
給水戸数（戸）	7,821,887	975,702	1,907,706	1,345,832	1,657,581	922,849
職員数（人）	3,742	657	1,570	1,335	1,331	577
給水施設能力（m^3/日）	6,844,500	835,200	1,820,000	1,424,000	2,430,000	780,987
一日最大配水量（m^3）	4,531,800	583,760	1,203,800	816,694	1,177,600	454,833
一日平均配水量（m^3）	4,221,600	528,000	1,136,900	759,900	1,090,300	417,100
料金（円・税込）	3,478	4,664	3,696	3,847	2,657	4,424
給水原価（円/m^3）（税込）	212.49	180.83	183.7	176.49	144.04	201.85

東京都水道局の広報・広聴の「令和2年度・東京の水道の概要」より抜粋 (一部改変)

4

ワードプロセッサ（ウェブアプリケーション）

ウェブアプリケーションとは，ブラウザ上で利用できるアプリケーションのことをいう．
ブラウザが動作すれば利用可能なので，インストールが不要であり，ウェブ（インターネット）に接続可能な機器であれば，PC でなくともアプリケーションを利用することができる．
ウェブアプリケーションは，JavaScript，PHP，GO などのプログラミング言語を使用してウェブサーバと通信を行う仕組みで構築されている．
ここでは主に，Google 社の Google ドキュメントについて説明する．

4.1 Google ドキュメントの概要

Google ドキュメントは Microsoft Word とほぼ同じ機能を備えたウェブアプリケーションのワープロである．Microsoft Word とのファイルの互換性も確保されている上，保存容量も 5 GB までなら無料で利用することができるなど便利なツールである．

Google ドキュメントを利用するためには Google のシステムにログインする必要がある．ブラウザ（Google Chrome を推奨）の URL 欄に直接「https://google.co.jp」を入力して，Google のログインページへ移動する（図 4.1）．ページ右上の［ログイン］ボタンをクリックすると，Google のユーザ認証のウィンドウ画面に移行する（図 4.2）．

図 4.1　Google のトップページ

ここで，Google のユーザ ID（組織あるいは個人のメールアドレス）を入力して［次へ］のボタンをクリックすると，パスワードの入力を求められるので，ユーザ ID に対応したパスワードを入力し［次へ］のボタンをクリックする．

ログイン後に，図 4.3 に示す［Google アプリ］アイコンをクリックし，メニューの中から［ド

図 4.2　認証

図 4.3　Google アプリメニュー

キュメント］をクリックすると Google ドキュメントの初期画面となる（図 4.4）.

図 **4.4** Google ドキュメントの初期画面

4.2 ファイルの作成と保存

　Google ドキュメントのページを開くと図 4.4 のような画面となる．この画面では，文書の基本構造やレイアウトがあらかじめデザインされているテンプレートギャラリーが表示される．表示されるテンプレートの数は，開いているウィンドウの大きさに依存するので，全部見たい場合は［テンプレートギャラリー］をクリックして［全般］を選択する．

　まったく新しいデザインで最初から文書を作成したい場合は，このテンプレートの一番最初にある［空白］を選択すれば［無題のドキュメント］と仮の名前がつけられた新しい文書が開かれる（図 4.5(a)）.

図 **4.5**　(a) 無題のドキュメントと (b) Google ドキュメントのメニュー

> 演習 4.1
> Google ドキュメントのページを開き無題のドキュメントを作成しなさい．

　Google ドキュメントではタブに相当する機能はなく，メニューは簡略化されている（図 4.5(b)）.

　Google ドキュメントのメニューには［ファイル］，［編集］，［表示］，［挿入］，［表示形式］，［ツール］，［拡張機能］，［ヘルプ］がある．

> **総合課題 4.1**
> 3 章末の【資料 1】の文章を入力しなさい．

課題の文章をすべて入力し終えたら，次はその文章を保存する．Google ドキュメントでは，ファイルは Google ドライブに保存される．メニューの［ファイル］を選択すると図 4.6 の画面になる．ここで［名前を変更］をクリックすると，画面左上の「無題のドキュメント」の文字列が編集可能となるので，ファイルに付けたい名前を入力する．Google ドライブではなく，自分の PC に保存したい場合は，メニューの［ダウンロード］を選択する．このとき保存したいファイル形式を選択する必要がある．［Microsoft Word］を選択すれば Word でもファイルを編集することが可能となる．

Google ドライブでは同じ名前のファイルの保存が可能である（同じ名前のファイルが存在しても特に警告は出ない）ので，ファイル名を付けるときは注意が必要である．

図 4.6 ファイルメニュー

4.3 オブジェクトの挿入

Google ドキュメントでも［挿入］メニューにより，表や写真，図などさまざまなオブジェクトを文書に挿入することができる．

a. 表の挿入

まずは表を挿入してみよう．新しい「無題のドキュメント」を作成し，［挿入］メニューをクリックする．メニュー内の［表］にカーソルを合わせると図 4.7 のようなメニューが表示される．

図 4.7 表のメニュー

例えば 4 行 6 列の表を作成しようと思ったら，このメニューの上から 4 行目，左から 6 列目の□にマウスカーソルを合わせれば自動的に対応した表が作成される．

> 総合課題 4.2
>
> 3 章末の【資料 2】の表を作成しなさい．

b. 図や写真の挿入

［挿入］メニューをクリックし，メニュー内の［画像］にカーソルを合わせると図 4.8 のようなメニューが表示される．使用している PC 内の画像を挿入したい場合は［パソコンからアップロード］をクリックし，挿入したい画像ファイルを選択する．インターネット上にある画像を検索したい場合は［ウェブを検索］を選択する．

図 4.8　画像の挿入メニュー

> 演習 4.2
>
> インターネット上の画像を選択して無題のドキュメントに挿入しなさい．

c. 図形の描画方法

自ら図形を描画することもできる．［挿入］メニューをクリックし，メニュー内の「描画」

図 4.9　図形の描画メニュー

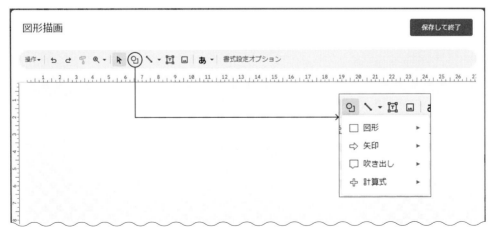

図 4.10　図形の描画ウィンドウと図形選択メニュー

にカーソルを合わせると図 4.9 のようなメニューが表示される．［＋新規］をクリックすると図 4.10 に示す図形描画用の新たなウィンドウが表示される．このウィンドウの［図形］をクリックすると図形描画用のメニューが表示される．ここで描画したい図形のアイコンをクリックすることで，直線，四角，楕円，三角，矢印といった図形を文書内に直接描画することができる．また描画した図形は文書内で大きさや方向などを自由に再調整できる．描画が終了したらウィンドウ右上にある［保存して終了］をクリックして，Google ドキュメントに戻る．

> 演習 4.3
> 無題のドキュメントに実際に図形を挿入して，その大きさや色を変更しなさい．

d. ページ区切り

［挿入］メニューをクリックし，メニュー内の［区切り］にカーソルを合わせると図 4.11 のようなメニューが表示される．ここで［改ページ］をクリックすることで，「ページの区切り」を挿入することができる．

図 4.11　改ページ

e. コメントの挿入

［挿入］メニューをクリックし，メニュー内の［コメント］をクリックすることで，文中の任意の場所にコメントを挿入することができる．Microsoft Word と同様に，コメント欄にはコメントを付けた人の情報が表示される．

f. ヘッダー・フッターの挿入

［挿入］メニューをクリックし，メニュー内の［ヘッダーとフッター］にカーソルを合わせると図 4.12 のようなメニューが表示される．ここで［ヘッダー］をクリックすることで，ページの上部にヘッダーテキストを挿入することができる（図 4.13）．同様に［フッター］をクリックすることで，ページの下部にフッターテキストを挿入することができる（図 4.14）．

g. ページ番号

［挿入］メニューをクリックし，メニュー内の［ページ番号］にカーソルを合わせると図 4.15

図 4.12　ヘッダーとフッター

図 4.13　ヘッダー

図 4.14　フッター

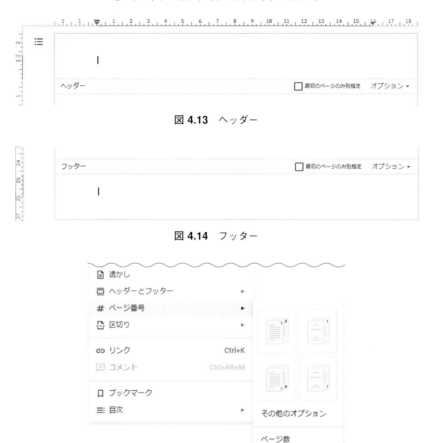

図 4.15　ページ番号

のようなメニューが表示される．ここで使用したい形式のページ番号のアイコンをクリックすることで，ヘッダーあるいはフッターにページ番号を挿入することができる．ページ番号のヘッダー内での位置（右，中央，左）は，ヘッダーあるいはフッター内で文字の配置を変更することで実現できる．またページ番号を削除したい場合はヘッダー・フッター内でページ番号自体を削除することで実現できる．

h.　数式

［挿入］メニューをクリックし，メニュー内の［計算式］をクリックすることで，ページ上部に図 4.16 に示す数式メニューが表示される．メニューの［演算記号］をクリックすると，図 4.17 に示すように上付き・下付きや分数のような数式の構造を選択することができる．

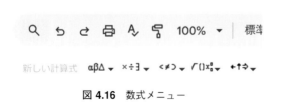

図 4.16　数式メニュー

図 4.17　数式の演算記号

4.4 その他

a. 文字カウント

［ツール］メニューをクリックし，［文字カウント］をクリックすることで現在までに何文字書いたかを簡単に確認することができる．

b. ルーラー

ルーラーは基本設定では表示される状態になっている．ルーラーを非表示にしたい場合は，［表示］メニューをクリックし図 4.18 に示されるメニューにおいて［ルーラーを表示］をクリックして非表示にすることができる．

図 4.18 ルーラーの表示・非表示

演習 4.4

【総合課題 4.3】で作成した文書を［ファイル］メニューの［ダウンロード］を用いて「Microsoft Word」形式でダウンロードし，そのファイルをインストール版の Word で開いて違いがあるかどうか確認しなさい．

5

表　計　算

5.1 表計算ソフトウェアの概要

　行と列からなる 2 次元の集計表をスプレッドシート（spreadsheet）または単にシートと呼んでいる．表計算ソフトウェアは，スプレッドシートを使って数値データの計算，グラフ作成，データ分析などを行うためのソフトウェアである．

　数値データの計算では，単純な四則演算はもちろんのこと，論理計算や文字列操作の他に，三角関数などの数学的な計算も可能である．

　グラフ作成では，棒グラフ，折れ線グラフ，散布図，統計グラフのように，データの性質に合わせた多様なグラフを利用することができる．

　データ分析においては，基本統計量の算出や，ヒストグラムの作成，フーリエ解析や移動平均のような時系列データに対する分析や，t 検定，F 検定，分散分析のような統計処理を行うこともできる．

　表計算ソフトウェアの代表的なものとして，Micorsoft 社が提供する Microsoft Excel がある．Microsoft Word のときと同様に，Windows 11 のスタートメニューから Excel のアイコンをクリックして Excel を起動する．

5.2 ファイルの作成と保存

　Excel を起動させると図 5.1 のような画面となる．この画面では，Excel の説明や，数式の使用のチュートリアルなどの説明ファイルや，あらかじめ用途がデザインされているテンプレートの一覧が表示される．表示されるテンプレートの数は，開いているウィンドウの大き

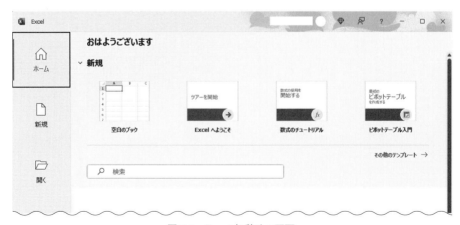

図 5.1　Excel 起動時の画面

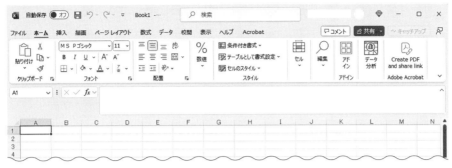

図 5.2 空白のブック

Excel のリボンは作業に必要な機能ごとに整理されたタブにまとめられている．Excel では［ファイル］，［ホーム］，［挿入］，［描画］，［ページレイアウト］，［数式］，［データ］，［校閲］，［表示］などのタブが存在する．最初の状態では［ホーム］タブが選択されており，選択されているタブの下部にアンダーラインが付いていることがわかる．

タブの数はコンピュータの環境によっても変化する．筆者の環境では Adobe Acrobat Pro がインストールされているため，Acrobat のタブが一番右に追加されている．

Word の場合と同様に Excel でもリボンの内容は開いているウィンドウの大きさに依存する．本教科書ではウィンドウの大きさが小さい場合を想定して解説する．

さに依存するので，全部見たい場合は［その他のテンプレート］をクリックする．

まったく新しいデザインで最初から文書を作成したい場合は，このテンプレートの一番最初にある［空白のブック］を選択すれば「Book1」と仮の名前がつけられた新しいファイルが開かれる（図 5.2）．新しく作成されたブックでは，ウィンドウの上部にファイルの保存のためのアイコンや，現在のファイル名，ブック内の検索窓などが表示される．その下部に，Word と同様に Excel の各種の操作をまとめたリボンと呼ばれる領域が示され，さらにその下部にデータを入力するシートが表示される．

> **演習 5.1**
> Excel を起動して空白のブックを作成しなさい．

次にファイルの保存方法を説明する．リボンの［ファイル］タブを選択すると図 5.3 の画面になる．図 5.1 の画面とよく似ているが，ウィンドウの左側が異なっていることに注意して欲しい．左側のメニューから［名前を付けて保存］を選択すると図 5.4 の画面となる．

図 5.3 ファイルの保存

図 5.4 名前を付けて保存

［名前を付けて保存］の右上側の［ここにファイル名を入力してください］とあるところにファイル名を入力する．ファイル名は後で内容がわかるような名前を付けるとよい．このまま保存すると Microsoft のクラウドサービスである，OneDrive に保存される．もし自分の PC に保存したい場合は，必要に応じて画面左下の［参照］アイコンをクリックして，自分の PC の適切なフォルダに保存する．

保存するファイルの形式は，ファイル名入力欄の下にある「Excel ブック（*.xlsx）」のプルダウンメニューで変更することができる．形式を変更することで保存したファイルを Excel 以外のプログラムで操作することが可能となる．

演習 5.2

ファイルに名前を付けて保存を行いなさい．

5.3 セル，行，列

a. セル

Excel のシートは「セル」と呼ばれるマス目から構成されている（図 5.5）．図では左上のセルが選択されている状態にある．各セルには，数字，記号，文字などに加えて，数式や関数などを入力することができる．1つの Excel ブックに複数のシートを含めることができる．

図 5.5 セル

セルにデータを入力する場合，セルを選択しそのまま入力するか，図 5.5 の右上にある数式バーと呼ばれる入力欄（図中の fx の右側の空欄）から入力するという 2 つの方法がある．セルはマウスによるクリックか，あるいはキーボードの十字キーを用いて選択する．

b. 行と列

横方向のセルの連続を「行」と呼ぶ．図 5.5 で左側にある数値が行番号を示している．

縦方向のセルの連続を「列」と呼ぶ．図 5.5 で上側にあるアルファベットが列番号を示している．

図5.5で選択されているセルは1行A列の場所にあるため，行番号は1，列番号はAである．現在選択されているセルの位置が，図5.5の左上にある「A1」として表示されている．今後はセルの位置指定はこの列番号と行番号を続ける形式で行う．

> **演習 5.3**
> A1からE1まで連続した5つのセルに1，2，3，4，5と数字を入力しなさい．

行番号の数字をクリックすることで，行全体を選択することができる．同様に列番号の英字をクリックすることで列全体を選択することができる．[Ctrl]を押しながら選択を繰り返すことで複数のセルを選択することができる．またあるセルを選択しておき，別のセルを[Shift]を押しながら選択すると2つのセルを頂点とする四角形の領域を選択できる．

c. 挿入と削除

シートの任意の位置に新しいセル，行，列を挿入・削除することができる．[ホーム]タブの[セル]（図5.2参照）をクリックすると図5.6のメニューが表示される．

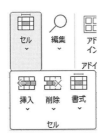 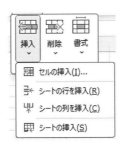 

図 5.6　セルのメニュー　　図 5.7　挿入メニュー　　図 5.8　セルの挿入

セル，行，列を挿入したい場合は，まず挿入したい位置にあるセルをクリックして選択し，図5.6のメニューの[挿入]をクリックする．セルを挿入したい場合は[セルの挿入]をクリックする（図5.7）．ここで[右方向にシフト]を選ぶと指定した位置にセルが挿入され，同時に，指定した位置にあったセルを含めた右側全体が一列分右側に移動する．同様に[下方向にシフト]を選ぶと指定した位置にセルが挿入され，同時に，指定した位置にあったセルを含めた下側全体が一行分下側に移動する．また，[行全体]を選ぶと行を，[列全体]を選ぶと列を挿入することもできる（図5.8）．

同様に行を挿入したい場合は[シートの行を挿入]，列を挿入したい場合は[シートの列を挿入]をクリックすると，挿入したい位置にあるセルの上側に行が，左側に列が挿入される．

また別の操作方法として，挿入したい位置にあるセルを右クリックしてメニューを表示させ，[挿入]を選択すると図5.8のメニューが表示されるので，前述の方法と同様にしてセルや行，列を挿入することができる．

削除をしたい場合は，まず削除したい位置にあるセルをクリックして選択し，図5.6のメニューの[削除]をクリックする（図5.9）．セルを削除したい場合は[セルの削除]をクリックする．ここで[左方向にシフト]を選ぶと指定した位置のセルが削除され，同時に，指定した位置にあったセルを含まない右側全体が一列分左側に移動する．同様に[上方向にシフト]を選ぶと指定した位置のセルが削除され，同時に，指定した位置にあったセルを含ま

い下側全体が一行分上側に移動する．また，［行全体］を選ぶと行を，［列全体］を選ぶと列を削除することもできる（図5.10）．

行や列の削除の方法は他にもあり，行を削除したい場合は図5.9の［シートの行を削除］，列を削除したい場合は［シートの列を削除］をクリックすると，削除したい位置にある行，列が削除される．

図 5.9　削除のメニュー

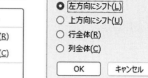
図 5.10　セルの削除

別の操作方法として，削除したい位置にあるセルをマウスで右クリックしてメニューを表示させ，［削除］を選択すると図5.10のメニューが表示されるので，前述の方法と同様にしてセルや行，列を削除することができる．

演習 5.4

【演習 5.3】で入力した行を削除しなさい．

d．フィル

Excelは，連続データの自動生成を行うことができる．連続データとは，等差・等比級数のような数列，曜日，日付，月などのデータの列である．生成するデータを自動的に判別させる方法を特にオートフィルと呼ぶ．セルに連続データの第1項と第2項を入れ，2つのセルを選択し，セル右下のフィルハンドルをドラッグすると，Excelが第1項と第2項の規則性を判別し連続データを生成する．

この他の方法として［ホーム］タブの［編集］→［フィル］→［連続データの作成］を用いて，連続データの生成を行うこともできる．

e．列の幅，行の高さの調整

図5.6のメニューの［書式］をクリックするとセルのサイズ（幅，高さ）を変更することができる（図5.11）．［行の高さ］をクリックすると図5.12のウィンドウが表示され，直接数値でセルの高さを指定することができる．同様に［列の幅］をクリックすると図5.13のウィンドウが表示され，直接数値でセルの幅を指定することができる．

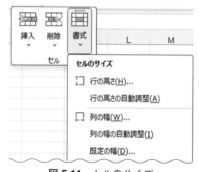
図 5.11　セルのサイズ

図 5.12　セルの高さ

図 5.13　セルの幅

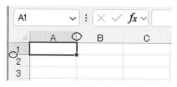
図 5.14　行・列のサイズ調整

また，行・列の見だし部分（図 5.14 の○）にカーソルを合わせると，カーソルの形状が変形し，その状態でクリックしてドラッグすると，行の高さや列の幅を変更することが可能である．

> **演習 5.5**
> セル A1 のセルの高さと幅をそれぞれ倍に大きくしなさい．

f. 相対参照と絶対参照

Excel では計算の際にセル番号を指定することで，離れた場所にあるセルのデータを使うことができる．この指定のことを参照と呼ぶ．参照の方法には，「相対参照」と「絶対参照」の2つがある．

- **相対参照**　例えば，セル C12 に「=C4」と挿入すると，セル C12 はセル C4 を参照するということになる．このとき Excel はセル C4 をセル C12 から 8 個上のセルと認識している．つまり，参照するセルを自分のセルから何個ずれているかと相対的に認識していることになる．これは列がずれている場合でも同様である．このようにセルを指定する方法を相対参照と呼ぶ．このとき，セル C12 をセル D12 にコピーすると D12 は「=C4」ではなく「=D4」となる．このように，相対参照を使って入力した式は，コピーをすると参照先のセル番号が相対位置に基づいて自動的に変更される．

- **絶対参照**　相対参照では，コピーの際，参照先のセル番号が自動的に変更される．逆に参照先のセル番号を変えたくない場合は，行・列の番号の前に「$」を付けて参照する．これを絶対参照と呼ぶ．絶対参照でセル位置を指定した場合は，コピー時にセル番号が変わらず保持される．

5.4　セルの書式設定

セル内のデータの表示形式や，セル内の文字の配置，フォントの種類などの詳細な設定は，［セルの書式設定］機能を利用する．

［セルの書式設定］は任意のセルにおいて，右クリックしてメニューを表示し，［セルの書式設定］を選択するか，図 5.6 のメニューで［書式］をクリックし，［セルの書式設定］を選択することで利用できる（図 5.15）．

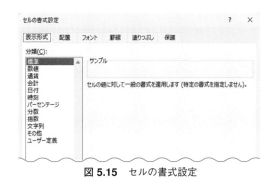

図 5.15　セルの書式設定

a. 表示形式

［表示形式］ではセル内の文字や数字の表示形式を変更することができる（図 5.15）．通常は表示形式として［標準］が選択されていることが多い．［数値］を選択すると，小数点以下の桁数などを変更することができる．［日付］を選択すると年月日の表示形式を変更したり，カレンダーの種類を西暦から和暦に変更したりすることができる

b. 配置

［配置］ではセル内の文字の配置（横位置，縦位置）を変更することができる（図 5.16）．ま

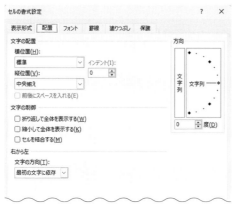
図 5.16　セルの配置

図 5.17　セル内のフォント

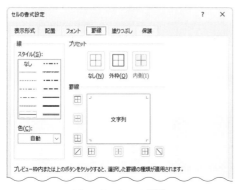
図 5.18　セルの罫線

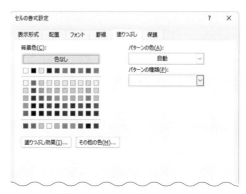
図 5.19　セルの塗りつぶし

た文字列の方向（縦，横）の指定や，セル内の文字数が多い場合に，［折り返して全体を表示する］や［縮小して全体を表示する］などを選択することができる．

　c．フォント

　［フォント］ではセル内の文字のフォントの種類，スタイル（斜体や太字），サイズ，色などを変更することができる（図 5.17）．

　d．罫線

　［罫線］ではセルの周囲の罫線のスタイル（実線や破線，太さ），色，罫線を引く位置などを変更することができる（図 5.18）．

　e．塗りつぶし

　［塗りつぶし］ではセル内の背景色や，網掛などのパターンを変更することができる（図 5.19）．

演習 5.6

セル A1 に「1」を入力し，セルの書式設定で表示形式を［標準］から［日付］に変更し，セル内の数値が「1900/1/1」に変わることを確かめなさい．

5.5　コピー&ペーストと検索

　a．コピー（カット）&ペースト

　セルのデータをコピーし，別のセルにペーストするには，コピーしたい対象のセル（複数で

も可）を選択して右クリックし，表示されたメニューの［コピー］をクリックする（図 5.20）．選択したセルの周囲に破線が表示され，データがコピーされたことがわかる．

次にペーストしたい対象のセル（複数でも可）を選択して右クリックし，表示されたメニュー（図 5.20）の［貼り付けのオプション］の中から適切なものをクリックする．より詳細にペーストの条件を決めたい場合は［形式を選択して貼り付け］をクリックして，ペーストの条件を決定する（図 5.21）．

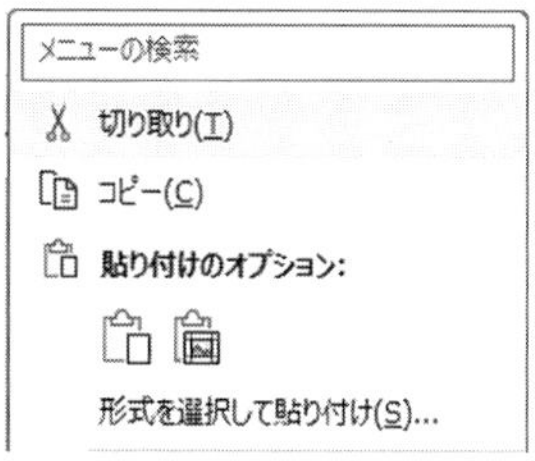

セルのデータをコピーではなく，カットして別のセルにペーストするには，上記の一連の作業で［コピー］ではなく［切り取り］を選択すればよい．

また，メニュー選択ではなく，キーボードのショートカットキーを使う場合は，[Ctrl]+[C]（コピー），[Ctrl]+[X]（カット），[Ctrl]+[V]（ペースト）を使うことで，コピー（カット）&ペーストを行うことができる．

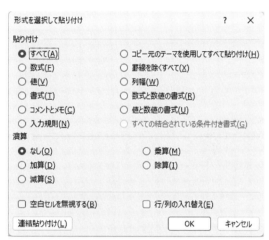

図 5.20 セルのコピー

図 5.21 形式を選択して貼り付け

演習 5.7
セル A1 に「100」を入力し，このデータをセル G1 にコピーしなさい．

b. 検索と置換

シート内のデータ（数値，文字列）を検索するには，まず［ホーム］メニューの［編集］をクリックし図 5.22 のメニューを表示させる．次にメニュー内の［検索と選択］をクリックし，図 5.23 のメニューを表示させ［検索］をクリックする．そうすると［検索］のウィンドウが表示される（図 5.24）．

図 5.22 編集のメニュー

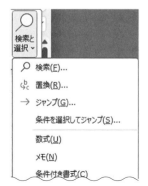

図 5.23 検索・置換のメニュー

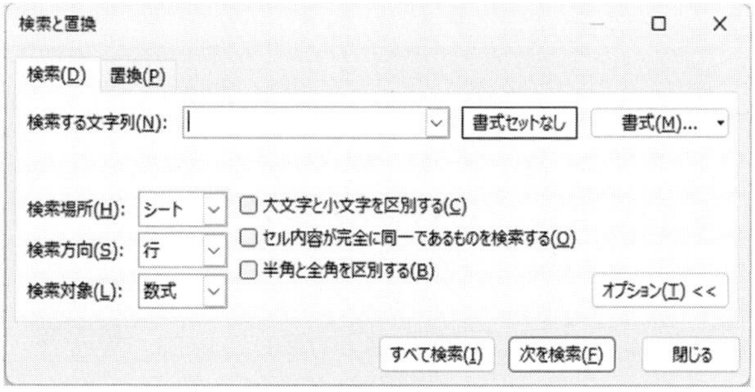

図 5.24 検索ウィンドウ

ウィンドウ内の［検索する文字列］に検索したい文字や数値を入力し，［次を検索］あるいは［すべて検索］のボタンをクリックすることで，シート内のデータを検索することができる．

同様に，シート内のデータ（数値，文字列）を検索して置換するには図 5.23 のメニューで［置換］をクリックし，［置換］のウィンドウを表示する（図 5.25）．

図 **5.25** 置換のウィンドウ

ウィンドウ内の［検索する文字列］に置換前の文字や数値を入力し，［置換後の文字列］に置換したい文字や数値を入力する．［置換］あるいは［すべて置換］のボタンをクリックすることで，シート内のデータを検索・置換することができる．

> **演習 5.8**
> セル G1 のデータ「100」を「200」に置換しなさい．

5.6 グラフの作成

Excel では，棒グラフ（縦棒，横棒），折れ線グラフ，散布図などさまざまな種類のグラフを作成することができる．具体例として表 5.1 に示すデータを使い，折れ線グラフを作成する方法を説明する（図 5.26～図 5.30）．

表 **5.1** 月別平均降水量（mm）

月	札幌	横浜	名古屋	鹿児島
1	108.4	64.7	50.8	78.3
2	91.9	64.7	64.7	112.7
3	77.6	139.5	116.2	161.0
4	54.6	143.1	127.5	194.9
5	55.5	152.6	150.3	205.2
6	60.4	188.8	186.5	570.0
7	90.7	182.5	211.4	365.1
8	126.8	139.0	139.5	224.3
9	142.2	241.5	231.6	222.9
10	109.9	240.4	164.7	104.6
11	113.8	107.6	79.1	102.5
12	114.5	66.4	56.6	93.2

図 **5.27** 折れ線グラフの選択

その状態で，［挿入］タブ→グラフの［折れ線］（図の〇印）をクリックすると，折れ線グラフの詳細なメニューが表示される（図 5.28）．

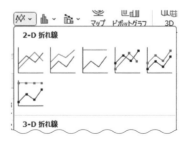

図 **5.26** 列の選択
まず，「札幌」，「横浜」の 2 列の「1 月」から「12 月」までの行のデータを「札幌」，「横浜」の文字を含めて選択する．

図 **5.28** 折れ線グラフのメニュー
メニュー内のアイコンにカーソルを合わせると，それぞれのグラフの特徴を説明するウィンドウが表示されるので（図 5.29），適切なグラフを選択する．

5.6 グラフの作成

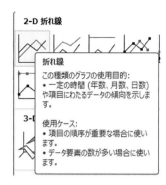

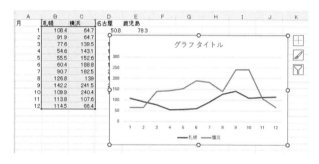

図 5.29 折れ線グラフの説明
今回は，折れ線グラフの左上の［折れ線グラフ］のアイコンを選択し，「札幌」，「横浜」の 2 つの系列をもったグラフを作成する（図 5.30）．

図 5.30 折れ線グラフの作成
図に示されるように，グラフ化されている列のセルの色が変わり，どの列が選択されているかがわかる．また「札幌」，「横浜」のセルの色も変わり，系列の名前として選択されていることがわかる．この系列の名前はグラフの下に示されている．

　今回のデータでは A2 セルから A13 セルまでのデータが 1〜12 の数字であるため，自動的に連番で割り振られた横軸との区別が付かないが，A2 セルから A13 セルのデータを 1 月，2 月，…（あるいは Jan, Feb, …）のように変更すれば横軸が月を示すことがわかりやすくなる（図 5.31〜図 5.34）．

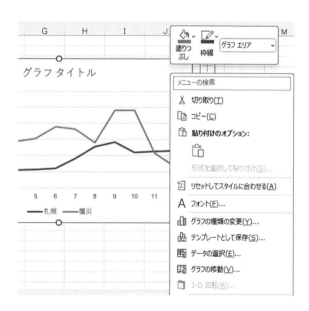

図 5.31 データの選択
グラフの横軸は「月」の値ではなく，1 から始まる通し番号である．グラフの横軸を A2 から A13 のセルにある数値として割り当てるには，グラフの余白の部分（例えば右上の余白部分）で右クリックし，表示されたメニューから，さらに［データの選択］をクリックする．

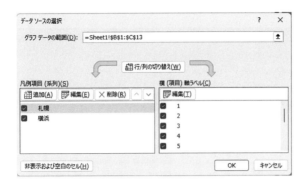

図 5.32 データソースの選択ウィンドウ
[データソースの選択]のウィンドウが開かれる．このとき，系列として「札幌」，「横浜」が選択されていることがわかる．ウィンドウ右側にある横（項目）軸ラベルの［編集］アイコンをクリックし，軸ラベルの範囲を入力する．

図 5.33 横軸ラベルの範囲の選択
この場合は A2 セルから A13 セルまでの範囲を指定する．選択したい範囲をドラッグすることで指定することもできる．

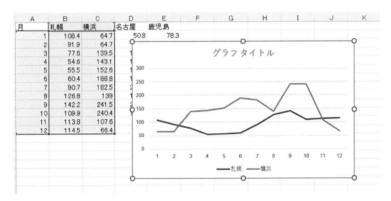

図 5.34 選択された横軸
範囲を入力したら［OK］をクリックして確定する．このとき，図のように「月」の列のセルの色も変わり，横軸ラベルとして選択されていることがわかる．

次に，この図に「名古屋」，「鹿児島」の降水量データを追加する方法について説明する（図 5.35～図 5.37）．

図 5.35 データ列の追加（名古屋）
図 5.31 のメニューで，再び［データの選択］をクリックし，図 5.32 の［データソースの選択］のウィンドウを開く．ここでウィンドウ左側の凡例項目（系列）の［追加］アイコンをクリックし，追加したい都市のデータを入力する．名古屋を追加したい場合は，［系列名］として D2 を選択し，系列値の範囲として D2 から D13 を選択する．同様にして鹿児島のデータも選択する（図 5.36）．

5.6 グラフの作成

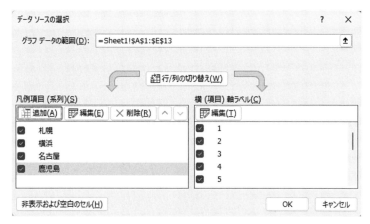

図 5.36 追加されたデータ列

図 5.37 に 4 つの系列をすべて表示したグラフを示す．

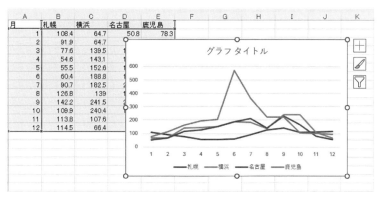

図 5.37 追加されたグラフ

グラフのタイトルを変更したい場合は，図中の［グラフタイトル］の部分をクリックして，編集したい部位を確定し，ダブルクリックして編集可能な状態にしてから文字列を編集すればよい．

軸ラベルを追加したり，凡例の位置を変更したい場合はグラフ右側の［＋］アイコンをクリックして［グラフ要素］のメニューを表示して，適宜変更する（図 5.38）．

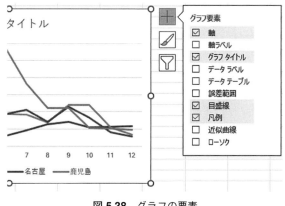

図 5.38 グラフの要素

> **演習 5.9**
> 表 5.1 のデータを入力し，4 系列の折れ線グラフを作成しなさい．

数学などで扱う $y = ax$ など関数の関係にあるデータをグラフ化する場合や，縦軸と横軸の関係性を議論したい資料としてグラフを作成する場合，散布図を使用する．散布図を選択した場合，Excel では自動的に，選択したデータの 1 列目が横軸のデータ，以降の列はすべて縦軸のデータと解釈されグラフが作成される．

具体例として表 5.2 に示すデータを使い，折れ線グラフを作成する方法を説明する．

まず，「X」，「Y」の 2 列のすべてのデータをマウスで選択する（図 5.39）．その状態で，［挿入］タブ→グラフの［散布図］（図 5.27 の□印）をクリックすると，散布図グラフの詳細なメニューが表示される（図 5.40）．メニュー内のアイコンにマウスカーソルを合わせると，それぞれのグラフの特徴を説明するウィンドウが表示されるので（図 5.41），適切なグラフを選択する．今回は，［散布図］のアイコンを選択してグラフを作成する（図 5.42）．グラフのどこかをクリックするとリボンに［グラフのデザイン］というタブが現れるので，その中のいろいろなメニューを使ってグラフのデザインを変更することができる．また，グラフのタイトル，軸ラベル，グラフの色など編集したいオブジェクトをクリックすると画面右に編集用のメニューが現れるので，それを使って変更することもできる．

表 5.2 数値データ

X	Y
−5	25
−4	16
−3	9
−2	4
−1	1
0	0
1	1
2	4
3	9
4	16
5	25

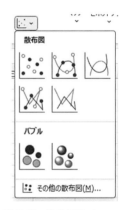

図 5.39 データの選択　　図 5.40 散布図のメニュー

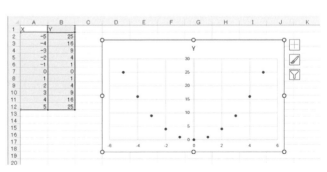

図 5.41 散布図の説明　　図 5.42 散布図

> **演習 5.10**
>
> 表 5.2 のデータを入力し，散布図を作成しなさい．次に，グラフの種類を折れ線グラフに変更した上で，線の色と太さを変更し，軸ラベルのフォントサイズを倍にしなさい．

5.7 フィルター

a. オートフィルター

Excel ではフィルター機能を用いることで，特定の条件を満たすデータを抽出できる．表 5.1 で示したデータの「見出し行」（図 5.43 では第 1 行目）を含むすべてのデータを選択する．次に［データ］タブの［並べ替えとフィルター］の［フィルター］（図 5.44）をクリックすると，見出し行にフィルター矢印が表示される（図 5.45）．具体例として，図 5.45 の「鹿児島」の列のオートフィルター矢印をクリックしてみる．図 5.46 のような「抽出メニュー」が表示されるので，並び替えや数値フィルターの条件を決定してデータの抽出を行う．

図 5.43 見出し行を含むデータの選択

図 5.45 見出し行に追加されたフィルター

図 5.44 並べ替えとフィルターメニュー

図 5.46 抽出メニュー

> **演習 5.11**
>
> 表 5.1 のデータを入力し，オートフィルター機能を用いて降水量を昇順に並び替えなさい．

b.　複数条件からのデータ抽出

表 5.1 のデータについて，例えば「札幌の降水量が 90 mm 以上かつ 120 mm 以下の月を抽出したい」とする．このとき「札幌」の列のオートフィルター矢印をクリックし，抽出メニューの［数値フィルター］にマウスカーソルを合わせると図 5.47 に示すメニューが表示される．ここでさらに［指定の範囲内］をクリックすると，図 5.48 の［カスタムオートフィルター］ウィンドウが表示される．ここでウィンドウ内の「以上」の横の入力欄に「90」,「以下」横の入力欄に「120」を入力し，「OK」ボタンをクリックする．これにより，抽出条件を満たしたデータが抽出される（図 5.49）．

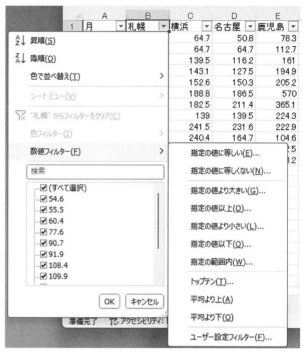

図 5.47　数値フィルター

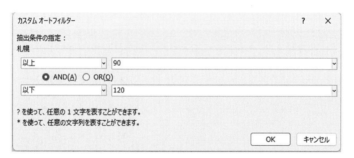

図 5.48　カスタムオートフィルター

	A	B	C	D	E	F
1	月	札幌	横浜	名古屋	鹿児島	
2	1	108.4	64.7	50.8	78.3	
3	2	91.9	64.7	64.7	112.7	
8	7	90.7	182.5	211.4	365.1	
11	10	109.9	240.4	164.7	104.6	
12	11	113.8	107.6	79.1	102.5	
13	12	114.5	66.4	56.6	93.2	
14						

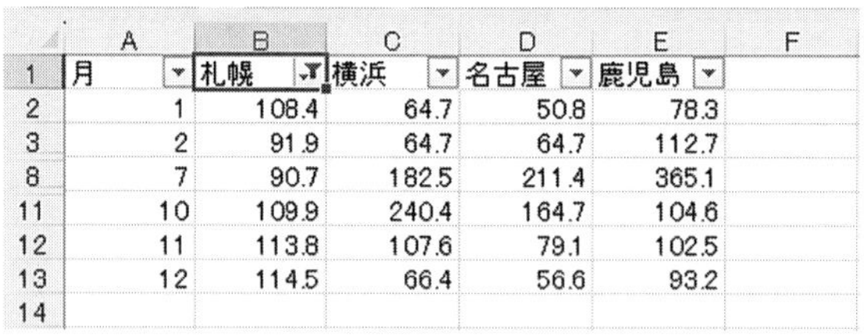

図 5.49　抽出されたデータ

データの抽出をやめるには，再び「札幌」の列のオートフィルター矢印をクリックし，抽出メニューの［“札幌” からフィルターをクリア］をクリックすればよい．

演習 5.12

表 5.1 のデータについて，横浜の降水量が 200 mm 以上の月を抽出しなさい．

5.8 数式と関数

a. 数式

Excel ではセル内に数式を入力することにより，さまざまな計算が可能である．四則演算とべき乗で使用できる演算子を表 5.3 に示す．

計算するときは，セルの先頭から「=」で始まる計算式を入力する．別のセルに入力された値を使用して四則演算を行う場合，数値を使用するセルをセル番号で指定する．

例 1：A3 にある数字を 10 倍にする．「=A3*10」と入力する．

例 2：A3 のセルの値と A4 のセルの値を足し算する．「=A3+A4」と入力する．

b. 関数の挿入

Excel には関数と呼ばれる計算機能があり，関数とデータのあるセルの範囲を指定するだけで合計や平均値といったさまざまな計算が可能である．

関数をセルに挿入するには，挿入したいセル（ここでは例として「A1」とする）をクリックし，その後［数式］タブの［関数ライブラリ」の「関数の挿入」をクリックする（図 5.50）．そうすると，挿入したいセルには「=」が挿入され，［関数の挿入］というウィンドウが表示される（図 5.51）．ここで［関数を検索］で関数を検索するか，［関数名］のリストから必要な関数を選択し，計算したいデータのセル範囲を「B2:B13」のようにコロンで区切って指定する．

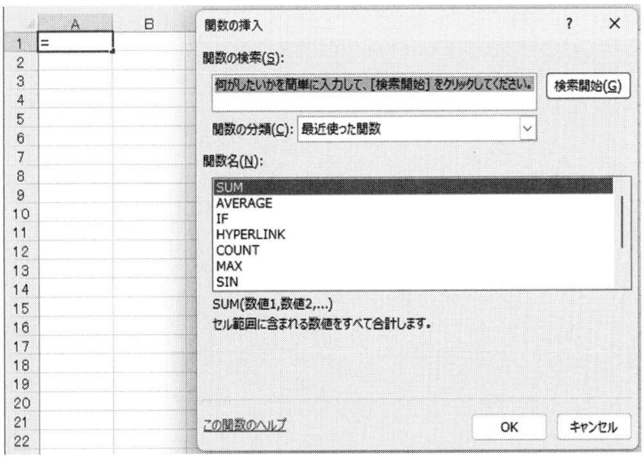

表 5.3　四則演算の演算子

演算子	意味
＋	加算
―	減算
＊	乗算
／	除算
＾	べき乗

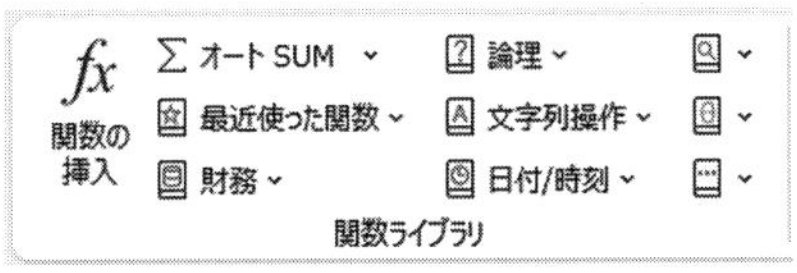

図 5.50　関数ライブラリ

図 5.51　関数の挿入

c. オート SUM（合計，平均）

合計や平均値といったよく使われる計算は，[数式]タブの[関数ライブラリ]の[オートSUM]にまとめられている．例として A1 から A10 まで 1 から 10 のデータがある状況で，B1 のセルにこの合計を表示したい場合を考える．まず[オート SUM]をクリックし，メニューから[合計]を選択する（図 5.52）．A1 のセルをクリックした後，A10 までマウスを移動し [Shift] を押しながらクリックするとデータ範囲が指定できる（自分で直接「A1:A10」と入力してもよい）（図 5.53）．こうすると，B1 に合計である「55」が計算結果として表示される．

平均や，最大値，最小値も同様にして[オート SUM]から関数を選択して計算できる．

図 5.52 オート SUM メニュー

図 5.53 合計の計算

d. 論理

関数ライブラリの[論理]を選択することで，さまざまな論理関数を呼び出せる（図 5.54）．

例として IF 関数の使い方について説明する．IF 関数では，等号や不等号による判別式により，真か偽かを判別する．セル内に以下の式を挿入する．

=IF(判別式, 真の場合の処理, 偽の場合の処理)

図 5.54 論理関数

判別の具体例として BMI（体格指数：body mass index）の基準を用いて IF 関数を使用してみる．

(1) BMI が入力されているセルを A1 とし，判別結果を B1 に表示する．判別は 18.5 未満（痩せ型）かどうかを判別する．

=IF(A1 < 18.5, "痩せ型", "痩せ型ではない")

この状態では，痩せ型かどうかしか判別できないため，痩せ型か普通型か肥満かを判別するには，前述の式にさらに IF 関数による処理を追加する必要がある．

(2) BMI が入力されているセルを A1 とし，判別結果を B1 に表示する．判別は 18.5 未満（痩せ型），18.5 以上 25 未満（普通型），25 以上（肥満）の基準により行う．

=IF(A1 < 18.5, "痩せ型", IF(A1<25, "普通型", "肥満"))

このように，IF 文の中に IF 文を入れる形とする．この「入れ子」にする方法を「ネストする」という．

e. 文字列操作

関数ライブラリの「文字列操作」を選択することで，文字列操作関数を呼び出すことができる（図 5.55）．

例えば，CHAR 関数は，数値で指定されたコードの文字を発生させる関数である．Windows では数値は ASCII コードが使用される．アルファベットの「A」を表示させるには，以下の式をセルに入力すればよい．

図 5.55 文字列操作関数

```
=CHAR(65)
```

LEFT 関数，RIGHT 関数，MIDDLE 関数は，対象の文字列から，文字（列）を抜き出すことができる．それぞれの関数の書式を以下に示す．

=LEFT(対象文字列, 抜き出す文字数)

例：=LEFT("Test", 2)　左から 2 文字抜き出すので「Te」が抜き出される

=RIGHT(対象文字列, 抜き出す文字数)

例：=RIGHT("Test", 3)　右から 3 文字抜き出すので「est」が抜き出される

=MIDDLE(対象文字列, 抜き出し文字の開始位置, 抜き出す文字数)

例：=MIDDLE("Test", 3, 1)　3 文字目から 1 文字抜き出すので「s」が抜き出される

f. 日付・時刻

関数ライブラリの「日付／時刻」を選択することで，日付や時刻の関数を呼び出すことができる（図 5.56）．

例えば，TODAY 関数は，現在の日付を表すシリアル値（Excel で日付や時刻の計算で使用されるコード）を返す関数である．

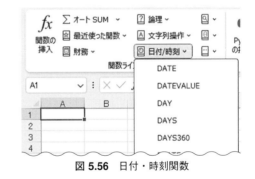

図 5.56 日付・時刻関数

```
=TODAY()
```

この関数をセルに挿入すると，セルの書式が自動的に「日付」に変更され，本日の日付が表示される．表示形式は 5.4 で説明したセルの書式設定で変更可能である．

同様の関数として NOW 関数があり，この関数は日付だけでなく時刻も含めてシリアル値を返す．なお，

```
=NOW()
```

をセルに挿入すると，セルの書式が自動的に「ユーザ定義」に変更されるが，時刻を含めた表示形式についてもセルの書式設定を利用者が変更可能である．

g. 数学・三角

関数ライブラリの「数学／三角」を選択することで，指数，対数，正弦，余弦といった数学関数を呼び出すことができる（図 5.57）．

例えば，SIN 関数は，正弦を求める角度をラジアンを単位として指定する関数である．

```
=SIN(ラジアン)
```

図 5.57 数学関数　　　　　　　　図 5.58 その他の関数

h. その他

関数ライブラリの「その他の関数」を選択することで，統計や複素数などのさまざまな関数を呼び出すことができる（図 5.58）．

> 演習 5.13
> 表 5.1 の降水量データについて，各都市について年間の平均降水量を計算しなさい．

6

表計算（ウェブアプリケーション）

第4章で説明したように，ウェブアプリケーションとは，ブラウザ上で利用できるアプリケーションのことをいう．ここでは主に，Google 社の Google スプレッドシートについて説明する．

6.1 Google スプレッドシートの概要

Google スプレッドシートは Microsoft Excel とほぼ同じ機能を備えたウェブアプリケーションの表計算である．Microsoft Excel とのファイルの互換性についても確保されている．しかし，使用できる関数の中には動作が少し異なるものがあり，またグラフの作成においてもまったく同じ動作をするわけではないので，それぞれのアプリケーション固有の違いについて覚えおく必要がある．

4.1 節で説明した方法で Google のログインページを開き，Google のユーザ認証を行う．

ログイン後に，［Google アプリ］アイコンをクリックし，メニューの中から［スプレッドシート］をクリックすると Google スプレッドシートの初期画面となる（図 6.1）．この画面では，ブックの基本構造やレイアウトがあらかじめデザインされているテンプレートの一覧が表示される．表示されるテンプレートの数は，開いているウィンドウの大きさに依存するので，全部見たい場合は［テンプレートギャラリー］をクリックして［全般］を選択する．

まったく新しいデザインで最初から文書を作成したい場合は，このテンプレートの一番最初にある［空白のスプレッドシート］を選択すれば［無題のスプレッドシート］と仮の名前がつけられた新しい文書が開かれる（図 6.2）．

> **演習 6.1**
> Google スプレッドシートのページを開き無題のスプレッドシートを作成しなさい．

図 6.1 Google スプレッドシートの初期画面

図 6.2 無題のスプレッドシート

図 6.3 Google スプレッドシートのメニュー
Google スプレッドシートのメニューは Google ドキュメントと同様に「ファイル」,「編集」,「表示」,「挿入」,「表示形式」,「データ」,「ツール」,「拡張機能」,「ヘルプ」となっている.

Google スプレッドシートも Google ドキュメントと同様にタブに相当する機能はなく,メニューは簡略化されている（図 6.3）.

演習 6.2

表 5.1 の平均降水量のデータを入力しなさい.

表のデータを入力し終えたら,次はスプレッドシートを保存する.ファイルを作成した時点で,クラウド上のファイルシステム（Google ドライブ）にファイルが自動的に保存されている.次にファイル名である「無題のスプレッドシート」を変更し,ファイルの内容がわかりやすい状態で保存する作業について説明する.

メニューの左上にある［無題のスプレッドシート］をクリックするとファイル名が変更可能となる.ここでファイルに付けたい名前（ファイルの内容を連想できるような名前が望ましい）を入力することで,ファイル名を変更することができる.

演習 6.3

入力した平均降水量のデータに別名を付けて保存しなさい.

6.2 グラフの作成

グラフの作成の手順を図 6.4〜図 6.10 に示す.

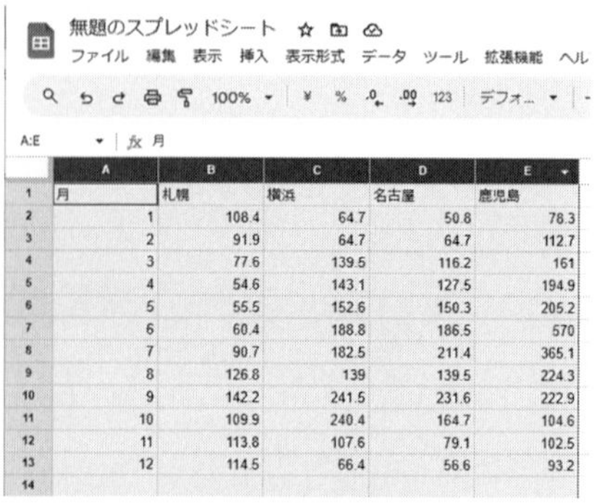

図 6.4 列の選択
6.1 節で作成した月別平均降水量のファイルを保存場所から読み込む.次に月の列と札幌から鹿児島までの地域の列を選択する.

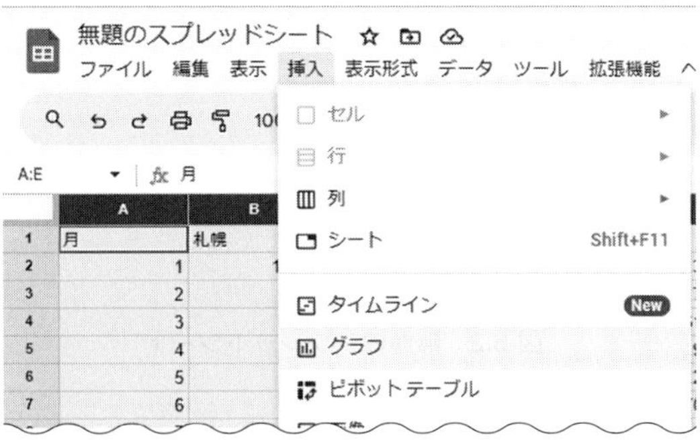

6.2 グラフの作成

図 6.5 挿入メニュー
[挿入] メニューをクリックし，次にグラフをクリックする．グラフが作成され，右側に [グラフエディタ] が表示される．

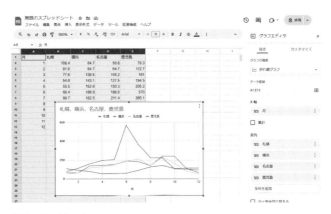

図 6.6 グラフとエディタ
図では横軸の「月」の値がとびとびになっているが，これはグラフエディタの一番下にある [ラベルをテキストとして使用する] にチェックを入れることで解決できる．グラフエディタの [設定] では，[グラフの種類]，[データ範囲]，[X 軸]，[系列] などが表示され，それぞれの設定を変更できる．

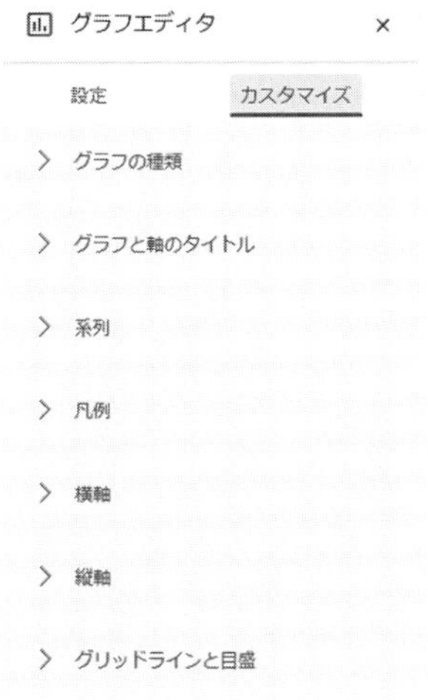

図 6.7 グラフのカスタマイズ
グラフエディタの [カスタマイズ] では，[グラフの種類]，[グラフと軸のタイトル]，[系列]，[凡例]，[横軸]，[縦軸]，[グリッドラインと目盛] をカスタマイズできる．

図 6.8 グラフのタイトル
例として［縦軸のタイトル］をカスタマイズしてみる．［グラフと軸のタイトル］をクリックし，さらに［グラフのタイトル］をクリックする．

図 6.9 縦軸のタイトル
［縦軸のタイトル］をクリックし，［タイトルテキスト］に［平均降水量］と入力する．

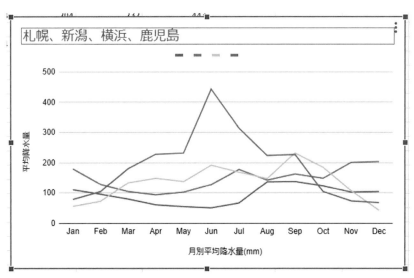

図 6.10 縦軸のタイトルが追加されたグラフ
グラフの縦軸にラベルを付けることができる．

演習 6.4
「グラフタイトル」を「都市ごとの平均降水量」に変更しなさい．

6.3 数式

Excel と同様に，セルの先頭から「=」で始まる計算式を入力することで，四則演算やベキ乗等の計算が可能である．

関数については［挿入］メニューをクリックし，次に関数にマウスカーソルを合わせる．総和や平均のようによく使われる関数の一覧と，機能別にまとめられた関数のグループの一覧のメニューが表示される（図 6.11）．

> **演習 6.5**
> 6.1 節で作成した月別平均降水量のファイルで，各月の平均降雪量の平均を関数「AVERAGE」を用いて計算しなさい．

図 6.11 関数のメニュー

6.4 表示形式

Google スプレッドシートでは，セルの表示形式をメニューから簡単に変更できる．

a. 数字

メニューの表示形式をクリックし，［数字］にカーソルを合わせると，セル内の数字の表示形式のメニューが表示される（図 6.12）．変更したい項目をクリックすることで表示形式を変更できる．

b. テキスト

同様に［テキスト］にカーソルを合わせると，セル内のテキストに［太字］，［斜体］，［下線］，［取り消し線］を適用できる（図 6.13）．

図 6.12 数字の表示形式

図 6.13 ［表示形式］→［テキスト］　　図 6.14 ［表示形式］→［配置］

c. 配置

テキストや数値のセル内での位置を変更したい場合は，［配置］にカーソルを合わせ，変更したい配置を選択する（図 6.14）．

d. ラッピング

セル内に長いテキストや数値を挿入すると，セルからはみ出して他のセルの内容が見えなかったり，逆にセルの幅だけしか表示されず，中身の全体がわからなかったりする場合がある．このような状態を変更したいときは，［ラッピング］にカーソルを合わせ，［はみ出す］，［折り返す］，［切り詰める］のいずれかを選択すればよい（図 6.15）．

e. 回転

セル内の文字を回転させたり，縦書きにしたりしたい場合は，［回転］にカーソルを合わせ，変更したい回転の形式を選択すればよい（図 6.16）．

f. フォントサイズ

表示形式メニューで，セルのフォントサイズを変更することもできる（図 6.17）．

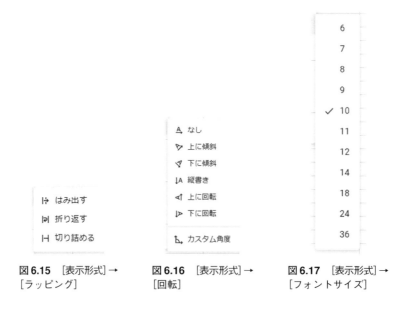

図 6.15 ［表示形式］→［ラッピング］　　図 6.16 ［表示形式］→［回転］　　図 6.17 ［表示形式］→［フォントサイズ］

演習 6.6

A1 セルに数字の 1 を入力し，数字の表示形式を［自動］から［日付］に変更しなさい．

7

プレゼンテーション

　プレゼンテーションとは，アイデアや情報を視覚的なサポートを活用して聴衆に伝える行為のことである．このとき，話者はデータ，コンセプト，プロセスなどを説明するために，テキスト，画像，動画，音声，グラフィックなどを組み合わせた「スライド」を用いる．プレゼンテーションの目的は，情報を明確かつ効果的に伝達し，聴衆の理解を深め，時には彼らを行動に移させることである．プレゼンテーションは教育，ビジネス，科学研究，日常のコミュニケーションなど，さまざまな分野で重要な役割を果たす．効果的なプレゼンテーションは複雑なアイデアを簡単に理解できる形で伝えることができ，プロジェクトの提案，研究成果の発表，製品のデモンストレーション，教育コンテンツの提供など，多岐にわたる目的で利用される．

　この章では，プレゼンテーションアプリケーションを効果的に活用し，プレゼンテーションや情報の可視化，資料の作成などに活かす方法を解説する．

7.1 プレゼンテーションアプリケーション

　プレゼンテーションアプリケーションは，プレゼンテーション資料を作成・編集・実行するためのソフトウェアである．Microsoft PowerPoint，Google スライド，Apple Keynote などが有名で，これらのツールは豊富な機能を提供しており，テンプレートの使用，テキストと画像の挿入，グラフや表の作成，アニメーションやトランジションの追加など，プレゼンテーションを魅力的かつ情報量豊かにするための多様な機能が備わっている．

7.2 PowerPoint

　PowerPoint は，Microsoft によって開発されたプレゼンテーションアプリケーションであり，情報を視覚的に伝えるために広く使用されている．PowerPoint では，スライドと呼ばれる個々のページに情報を配置する．これらのスライドを通じて，話者は聴衆に対して自らのアイデアやデータを効果的に伝えることができる．PowerPoint の使い方を学ぶことは，ゼミや卒業論文発表などでの学術的なプレゼンテーションだけでなく，将来のキャリアにおいても役立つ重要なスキルであるという認識をもつことが大切である．

7.3 基本操作

7.3.1 PowerPoint の起動方法

PowerPoint を起動するには，いくつかの方法がある．Windows の場合は，［スタート］から［アプリ，設定，ドキュメントの検索］に PowerPoint と入力して，表示された［PowerPoint］アプリをクリックすればよい．また，同じく［スタート］から［すべてのアプリ］をクリッ

クし，［PowerPoint］を探してもよい．PowerPoint のアイコンを図 7.1 に示した．

7.3.2 新規プレゼンテーションの作成

PowerPoint を起動すると，図 7.2 のようなスタート画面が表示される．スタート画面では，新しいプレゼンテーションを作成するためのオプションがいくつか表示されている．［新しいプレゼンテーション］を選択すると新規のプレゼンテーションの作成を開始することができる．

図 **7.1** PowerPoint アイコン

図 **7.2** PowerPoint のスタート画面

7.3.3 ウィンドウの構成（図 7.3）

1) タイトルバーは，ウィンドウの最上部に位置し，開いているプレゼンテーションのファイル名を表示する．また，タイトルバーの端には，最小化，最大化（またはウィンドウを元のサイズに戻す），閉じるの 3 つのボタンがあり，ウィンドウの操作に使用する．
2) リボンは，PowerPoint のコマンドをグループ化して配置したメニューシステムである．タブで区切られた複数のセクションに分かれており，それぞれのタブには［ホーム］［挿入］［デザイン］［アニメーション］［スライドショー］など，特定の種類の作業に関連するコマンドが集められている．
3) スライドペインは，現在選択しているスライドを表示し，直接編集できる領域である．テキスト，画像，図形などの要素を追加してスライドの内容を作成する．
4) スライドサムネイルペインは，ウィンドウの左側に位置し，プレゼンテーション内のすべてのスライドの小さなプレビューを表示する．このペインを使用して，スライド間を素早く移動したり，スライドの順序を変更したりすることができる．さらにスライドをグループ化した［セッション］を設定することができる．
5) ノートペインは，スライドペインの下部に位置し，スピーカーノートを追加するためのスペースである．ここに記入したノートは，プレゼンテーション中には表示されないが，プレゼンターが発表時に参照するための重要な情報を含めることができる．
6) ステータスバーは，ウィンドウの最下部に位置し，プレゼンテーションの現在のスラ

イド番号や表示モードの切り替えボタン*1)などの情報を表示する．また，ズームスライダーもここにあり，スライドの表示サイズを調整することができる．

図 7.3　ウィンドウの構成

7.3.4　ファイルの保存

PowerPointでプレゼンテーションを作成した後，そのファイルを保存することは，作業結果を失わないための基本的なステップである．ファイルを保存する操作は次の通りである．

(1)　［ファイル］タブの選択　　PowerPointのリボン（画面上部のメニューバー）から［ファイル］タブをクリックする．

(2)　［名前を付けて保存］の選択　　表示されるメニューの中から［名前を付けて保存］を選択する．

(3)　保存先フォルダの選択　　ファイルを保存するフォルダを設定する．保存先はクラウドストレージのOneDriveや，［その他の場所］から［このPC］で自分のPCを選択できる．

(4)　ファイル名の入力　　［ファイル名］欄*2)に，ファイルの名前を入力する．

(5)　保存形式の選択　　［保存形式］*3)のドロップダウンリストから，ファイルの形式を選択する．「PowerPointプレゼンテーション (.pptx)」が標準的な形式だが，他の形式も選択可能である．

---

*1)　例：スライドソータービュー，スライドショービュー．
*2)　「ここにファイル名を入力してください」と表示されている．
*3)　「ファイル名」欄の直下．

7.3.5 ファイル形式

PowerPointでは，さまざまなファイル形式で保存することができる．一般的な.pptx形式は，PowerPoint 2007以降のバージョンで使用されている．この形式は，最新の機能を利用することができるデフォルトの保存形式である．他にも，旧バージョンのPowerPointとの互換性を保つための.ppt形式や，PDF形式で保存することも可能である．PDF形式で保存する場合，プレゼンテーションは編集不可の状態で保存されるが，共有や印刷に便利である．

7.3.6 定期的な保存の重要性

プレゼンテーションの作成中は，作業の進捗を定期的に保存することが非常に重要である．予期せぬソフトウェアのクラッシュやシステムのトラブルが発生した場合でも，最新の作業内容を失うリスクを最小限に抑えることができる．

• 保存のショートカットキー　[Ctrl]+[S]のショートカットキーを使用すると，迅速に作業を保存できる．

• 自動保存　ファイルの保存先をOneDriveに設定すると，自動保存機能が利用できるようになる．加えて自動的にファイルのバージョン管理を行うため，過去の状態に戻すこともできる．自動保存を有効にするには，［タイトルバー］の［自動保存］をONにする．

演習7.1

次の操作を行いなさい．
1) 新規プレゼンテーションを作成し，「演習課題1」という名前を付けて，デスクトップに保存しなさい．
2) 「演習課題1」を「演習課題1.pdf」として，PDF形式でデスクトップに保存しなさい．

7.3.7 スライドの追加と削除

a. スライドの追加

スライドを追加する方法を説明する．

• リボンの使用（図7.4）　PowerPointのウィンドウ上部にあるリボンメニューの［ホーム］タブをクリックする．ここには，［新しいスライド］ボタンがある．このボタンをクリックすると，さまざまなスライドレイアウトが表示され，希望するレイアウトを選択してスライドを追加できる．

• スライドサムネイルペインの使用（図7.5）　PowerPointのウィンドウの左側にあるスライドサムネイルペインで右クリックし，［新しいスライド］を選択することでスライドを追加でき

図**7.4**　新しいスライドの追加（リボン）

7.3 基本操作

図 7.5　新しいスライドの追加
（スライドサムネイルペイン）

図 7.6　スライド選択時の右クリックメニュー

る．追加したスライドのレイアウトを変更するには，スライドのサムネイルを選択した状態で右クリックし，表示されたメニュー（図7.6）の［レイアウト］から選択する．

・ショートカットキーの使用　　キーボードのショートカットを使用して直ちにスライドを追加することもできる．Windowsでは[Ctrl]+[M]を押すと，新しいスライドが追加される．この方法では，直前のスライドと同じレイアウトのスライドが追加される．

b.　スライドの削除

プレゼンテーションからスライドを削除する方法を説明する．

1) スライドの選択：削除したいスライドをスライドサムネイルペインで選択する．複数のスライドを選択するには，[Ctrl]を押しながら，削除したい各スライドをクリックする．
2) 削除の実行：スライドを選択した状態で，キーボードの[Delete]（または[Backspace]）を押すことで，選択したスライドを削除できる．または，選択したスライドを右クリックして表示されるメニュー（図7.6）から［スライドの削除］を選択することもできる．

7.3.8　スライドの非表示化

PowerPointでは，特定のスライドをプレゼンテーション中は表示しないようにすることができる．スライドを非表示にしても，プレゼンテーションファイルから削除されるわけではなく，いつでも再表示することが可能である．スライドを非表示にする機能は，次のような場合に有効である．異なる聴衆に合わせてプレゼンテーションをカスタマイズしたい場合，関連性の低いスライドを非表示にすることで，その都度異なる構成のプレゼンテーションを

新たに作ることなく対応できる．また，質疑応答のセクションで使用する予備のスライドや，時間に余裕がある場合に追加で説明する内容を含むスライドを非表示にしておくこともできる．このように，スライドの非表示機能を活用することでプレゼンテーションの柔軟性が高まり，より効果的なプレゼンテーションを実現することができる．

スライドを非表示にする手順は次の通りである．

1) スライドの選択：非表示にしたいスライドをスライドサムネイルペインから選択する．複数のスライドを非表示にする場合は，[Ctrl] を押しながら，非表示にしたいスライドを選択する．

2) 非表示の実行：選択したスライドを右クリックし，表示されるメニュー（図 7.6）から［非表示］を選択する．または，リボンの［スライドショー］タブ内にある［非表示のスライド］ボタンをクリックしても同様の操作が可能である．

非表示にしたスライドは，スライドサムネイルペインには表示され続けるが，スライドの番号の横に斜線が入ることで，非表示状態であることが示される（図 7.7）．非表示にしたスライドであっても，プレゼンテーションの全体的な構成を把握することができる．

スライドの非表示を解除して，再表示する手順は次の通りである．

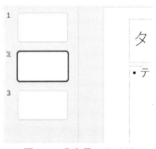

図 7.7 非表示スライド

1) スライドの選択：再表示したいスライドをスライドサムネイルペインから選択する．複数のスライドを再表示する場合は，[Ctrl] を押しながら，再表示したいスライドを選択する．

2) 再表示の実行：選択したスライドを右クリックし，表示されるメニューから［スライドの表示］（［非表示の解除］）を選択する．または，［スライドショー］タブの［スライドの表示］ボタンを一度クリックする．

以上の手順でスライドが再びプレゼンテーション中に表示されるようになる．

7.3.9 セクションの追加と削除

セクション（図 7.8）を使用すると，プレゼンテーション内のスライドを論理的なグループに分けて整理することができる．プレゼンテーションを複数のパートに分け，各パートを独立した単位として管理できる機能である．セクションごとにスライドを管理することで，特定の部分の編集や再配置が容易になる．必要に応じて特定のセクションのみを表示したり，順序を変更したりすることが簡単にできる．

a. セクションの追加

- リボンから追加　　PowerPoint のリボンにある

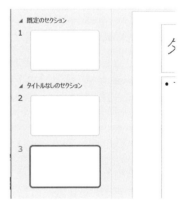

図 7.8 セクション

［ホーム］タブの中に［セクション］ボタンがある．スライドサムネイルペインでセクションを追加したい位置を選択した状態で，［セクション］ボタンをクリックし，［セクションの追

加］を選択すると，その位置に新しいセクションが作成される．
- **スライドサムネイルペインから追加**　スライドサムネイルペインで，新しいセクションを追加したい位置を右クリックし，［セクションの追加］を選択すると，セクションが追加される．

b. セクションの名前の変更（図 7.9）

セクションの名前は，セクションを右クリックし，［セクション名の変更］を選択することで，任意の名前に変更することができる．セクションに意味のある名前を付けることで，プレゼンテーションの内容を一目で理解しやすくなる．

c. セクションの移動と削除（図 7.9）

セクションは，セクション名をドラッグすることで新しい位置に移動させることができる．また，セクションを右クリックし，［セクションを上に移動］，［セクションを下に移動］を選択し移動することもできる．

セクションを削除する際には，そのセクションに含まれるスライドを削除するかどうかを選択することができる．

図 7.9　セクションの名前変更・移動・削除

- **セクションの削除（セクション内のスライドを削除する場合）**　削除したいセクションの名前をスライドサムネイルペインで右クリックする．表示されるメニューから［セクションとスライドの削除］を選択する．すると，選択したセクションに含まれるスライドもすべて削除される．
- **セクションの削除（セクション内のスライドを削除しない場合）**　削除したいセクションの名前をスライドサムネイルペインで右クリックする．表示されるメニューから［セクションの削除］を選択する．すると，セクションが削除されるが，そのセクションに含まれていたスライドはプレゼンテーション内に残る．

この方法を選択すると，セクションとしてのグループ分けは解除されるが，スライド自体は削除されずにプレゼンテーションに残る．そのため，スライドの内容を保持しつつ，セクションの構成だけを変更したい場合に利用できる．

演習 7.2

次の操作を行いなさい．
1) 新規プレゼンテーションを作成し，スライドを 5 枚追加しなさい．
2) 2 枚目と 4 枚目のスライドを削除しなさい．
3) 1 枚目のスライドの前に新しいセクションを追加し，「はじめに」という名前をつけなさい．
4) 2 枚目のスライドの前に新しいセクションを追加し，「本論」という名前をつけなさい．
5) 3 枚目のスライドの前に新しいセクションを追加し，「まとめ」という名前をつけなさい．
6) 2 枚目のスライドを非表示にしなさい．

7.3.10 スライド内容（オブジェクト）の作成と編集

PowerPoint でのオブジェクトとは，スライド上に挿入されるさまざまな要素のことを指す．オブジェクトには，テキストボックス，図形，画像，グラフ，テーブル，動画，音声，数式など，プレゼンテーションを豊かにする多種多様なコンテンツが含まれる．オブジェクトの組み合わせでスライドを作成する．例えば，スライドに文字や文を入れる場合は，テキストボックスや図形をスライドに挿入し，編集する．これらのオブジェクトは自由に移動やサイズ変更が可能なので，スライドのデザインに合わせて最適な位置に配置できる．オブジェクトは，PowerPoint のリボンにある［挿入］タブ（図 7.10）から追加できる．

図 7.10 オブジェクトの挿入

a. テキストボックス

・挿入　［挿入］タブから［テキストボックス］を選択し，スライド上にテキストボックスをドラッグして作成する．

・編集　作成したテキストボックスをクリックして選択し，テキストを入力する．また，［ホーム］タブから［フォント］セクションで書式を変更できる．書式の変更については，Word と手順やインターフェースは同じなので，Word の章（第 3 章）を参照してほしい．

図 7.11 テキストボックスの挿入

b. 図形

・挿入　［挿入］タブから［図形］を選択し，希望する図形をクリックしてスライド上に描画する（図 7.12）．

・編集　図形を選択すると，リボンに［図形の書式］タブが新たに表示される．これによって，色や枠線，効果などの図形の書式を変更できる．また，図形を選択した状態で右クリックをし，［図形の書式設定］を選択すると，さらに細かな書式の変更ができる（図 7.13）．なお，図形をダブルクリックすることで，図形の中にテキストを入力できる．

c. 画像

・挿入　［挿入］タブから［画像］を選択し，挿入したい画像ファイルを選択する．また，画像ファイルをスライドペインにドラッグすることで挿入することもできる．さらに，コピーして一時的にクリップボードに保存された画像ファイルを，スライドペインに貼り付けることもできる．挿入可能な画像ファイル形式には，JPEG（.jpg, .jpeg など），PNG（.png），Windows ビットマップ（.bmp），スケーラブルベクターグラフィックス（.svg），TIFF（.tif）などがある．なお，ベクター画像である.svg 形式のファイルは，図形に変換が可能である．

・編集　画像を選択すると，リボンに［図の形式］タブ（図 7.14）が新たに表示される．これにより，切り取り，サイズ変更，画像効果などを実行できる．また，画像を選択した状

7.3 基本操作

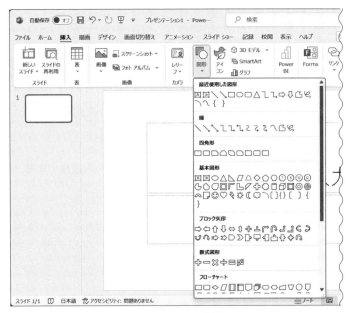

図 7.12　図形の挿入

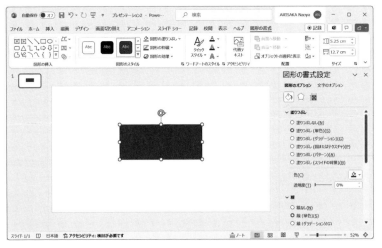

図 7.13　図形の書式設定（右部）と図形の書式（リボン）

図 7.14　図の形式

態で右クリックをし，[図の書式設定]を選択すると，さらに細かな書式の変更ができる．また，svg 画像を選択すると，リボンに[グラフィックス形式]タブ（図 7.15）が新たに表示される．[図形に変換]をクリックすると，グループ化された図形に変換できる．

d.　チャート

・挿入　　[挿入]タブから[グラフ]を選択し，使用したいグラフのスタイルを選択する．また，Excel で作成したグラフをコピーしクリップボードからスライドに直接貼り付けること

図 7.15　グラフィックス形式

図 7.16　グラフのデザイン

もできる.
- **編集**　グラフを選択すると，リボンに［グラフのデザイン］タブ（図 7.16）が新たに表示される．これにより，グラフのデザインを変更できる．グラフ要素を右クリックし表示される各種の［書式設定］からより細かな変更が可能である.

e. 数式
- **挿入**　［挿入］タブの［記号と特殊文字］セクションの［数式］を選択する.
- **編集**　数式を選択すると，リボンに［数式］タブ（図 7.17）が新たに表示される．これを用いて，数式を入力することができる.

図 7.17　数式

f. レリーフ

レリーフは，スライドにカメラの入力を表示することができるオブジェクトである．挿入されたレリーフは，スライド編集時には図 7.18 のように表示される．スライドショー中にカメラを有効にすると，レリーフ内にカメラの映像が表示される．スライドショー中にカメラを無効にすると，レリーフは非表示になる.

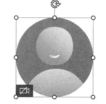

図 7.18　レリーフオブジェクト

g. 動画と音声
- **挿入**　［挿入］タブから［メディア］セクションにある［ビデオ］あるいは［オーディオ］を選択し，挿入したい動画・音声ファイルを選択する．推奨される動画ファイル形式は，mp4[*4]である．また，推奨される音声ファイル形式は，m4a[*5]である.
- **編集**　動画を選択すると，リボンに［再生］タブ（図 7.19）が新たに表示される．これにより，動画の再生方法を変更できる．また，音声を選択すると，リボンに［再生］タブ（図 7.20）が新たに表示される．これにより，音声の再生方法を変更できる.

[*4] H.264 ビデオと AAC オーディオでエンコードされたファイル
[*5] AAC オーディオでエンコードされたファイル

図 7.19 再生（ビデオ）

図 7.20 再生（オーディオ）

7.3.11 オブジェクトの共通機能

a．コピーと貼り付け

(1) コピーするオブジェクトを選択　スライド上でコピーしたいオブジェクトをクリックして選択する．

(2) コピー操作を実行　選択したオブジェクトで，右クリックメニューから［コピー］を選択するか，キーボードの [Ctrl]+[C] を押してコピーする．

(3) 貼り付け操作を実行　右クリックメニューから［貼り付け］を選択するか，キーボードの [Ctrl]+[V] を押して貼り付ける．

b．削除

オブジェクトを削除するには，削除したいオブジェクトを選択してから，キーボードの [Delete] または [Backspace] を押す．

c．グループ化

複数のオブジェクト（図 7.21）をまとめて一つのオブジェクト（図 7.22）として扱いたい場合に有用である．グループ化することで，グループ内のオブジェクトの位置関係を維持したまま，複数のオブジェクトを一括して移動，サイズ変更，回転，複製などの編集が可能になる．グループ化したオブジェクトは，必要に応じていつでもグループ解除して個別に編集することができる．

(1) グループ化するオブジェクトを選択　グループ化したい複数のオブジェクトを選択する．[Ctrl] を押しながら，各オブジェクトをクリックして選択する．

(2) グループ化を実行　右クリックメニューから［グループ化］を選択するか，［図形の書式］タブの［グループ化］ボタンをクリックして，選択したオブジェクトをグループ化する．

(3) グループ解除　グループ化されたオブジェクトを選択し，右クリックメニューで［グループ解除］を選択するか，［図形の書式］タブの［グループ化］ボタンをクリックしてから

図 7.21 3 つの図形

図 7.22 グループ化された図形

［グループ解除］を選択する.

演習 7.3

次の操作を行いなさい.
1) 新規プレゼンテーションを作成し, 長方形の図形を挿入しなさい.
2) 長方形の塗りつぶしの色を青, 枠線の色を赤にしなさい.
3) 長方形を 3 つ複製しなさい (計 4 つ).
4) 4 つの長方形をグループ化しなさい.

7.4 アニメーションとトランジション

PowerPoint でのアニメーションとトランジションは, プレゼンテーションに動的な要素を追加し, 聴衆の注意を引きつけるための強力なツールである. これらの機能を適切に使用することで, スライドの表示方法を強化し, 情報の伝達をより効果的にすることができる. ただし, 過度な使用は逆効果になることもあるので控えるべきである. また, 多様なアニメーションやトランジションを使用するのではなく, 一貫性を保ち, 目的に合わせて使用するべきである.

a. アニメーション

アニメーションは, スライド内の個々のオブジェクト (テキスト, 図形, 画像など) に適用される. アニメーションには, オブジェクトがスライド上で表示される方法, 動く方法, または消える方法を制御するさまざまな種類がある. アニメーションを適用するには, オブジェクトを選択後, ［アニメーション］タブをクリックし, アニメーションスタイルから使用したいアニメーション効果を選択する. 次に, アニメーションタブ右側の ［タイミング］ により, 開始方法, 継続時間などを設定する.

- **開始**：オブジェクトがスライド上に現れる方法を制御する.
- **強調**：すでに表示されているオブジェクトに対して, 特定の動き (点滅, 振動など) を追加する.
- **終了**：オブジェクトがスライドから消える方法を指定する.
- **アニメーションの軌跡**：オブジェクトがスライド上で特定の軌道をたどる動きを作成する.

b. トランジション

トランジションは, 現在のスライドから次のスライドへの移行アニメーションである. トランジションを適用するには, スライドサムネイルペインでスライドを選択し, ［画面切り替え］タブをクリックし, 使用したいトランジション効果を選択する.

- **フェード**：スライドが徐々に薄れたり, 現れたりする.
- **プッシュ**：1 つのスライドが次のスライドを押し出すように移動する.
- **ワイプ**：スライドが特定の方向から現れ, 広がっていく.

演習 7.4

次の操作を行いなさい.
1) 新しいプレゼンテーションを作成し, 1 枚目のスライドにタイトルとサブタイトルを入力しなさい.

2) タイトルに「フェード」(開始) のアニメーションを適用しなさい.

3) タイトルに「フロートイン」(開始) のアニメーションを適用しなさい.

4) 2枚目のスライドを追加し, トランジション「カバー」を追加しなさい.

5) スライドショーを実行しなさい.

7.5 プレゼンテーションの実行 (スライドショー)

プレゼンテーションの実行, すなわちスライドショーは, PowerPoint で作成したスライドを視聴者に提示する主要な方法である. スライドショーを実行することで, 作成したスライドが順番にフルスクリーン表示され, テキスト, 画像, アニメーション, ビデオクリップなどが組み込まれたコンテンツを効果的に伝えることができる. 以下では, スライドショーの基本的な実行方法と, その際に利用できる便利な機能について説明する.

7.5.1 スライドショーの開始方法

(1) リボンから開始　PowerPoint のリボンにある [スライドショー] タブをクリックし, [スライドショーの開始] セクションにある [最初から] ボタンをクリックすると, プレゼンテーションの最初のスライドからスライドショーが開始される. また, [現在のスライドから] ボタンを選択すると, 現在選択されているスライドからスライドショーを開始できる.

(2) ショートカットキーによる開始　PowerPoint では, スライドショーを迅速に開始するためのショートカットキーが用意されている. [F5] を押すことでプレゼンテーションの最初からスライドショーを開始し, [Shift]+[F5] を押すことで現在のスライドからスライドショーを開始する.

7.5.2 スライドショー中の操作

• スライドの進行　スライドを次に進めるには, キーボードのスペースバー, 右矢印キー, またはマウスクリックを使用する. 前のスライドに戻るには, 左矢印キーを使用する.

• 特定のスライドへのジャンプ　スライド番号を入力して [Enter] を押すことで, 任意のスライドに直接ジャンプすることができる.

• ブラックスクリーン　スライドショー中に [B], またはピリオドキー (.) を押すと, 画面が一時的に黒くなる. 視聴者の注意を話者に集中させたいときに便利である. 再度同じキーを押すと, スライドショーが再開される.

• スライドショーの終了　スライドショーを終了するには, [Esc] を押す.

7.5.3 スライドショー中の操作 (ポインターツール)

ポインターツールは, プレゼンテーションをよりインタラクティブにし, 特定の情報に視聴者の注意を引きつけるための有効な手段である.

• レーザーポインター　スライドショーを開始した状態で, 画面の下部にマウスを移動すると, ツールバーが表示される (図 7.23). ツールバーの [ペン] アイコンを選択し, [レーザーポインター] をクリックすると, マウスポインターがレーザポインターとなる. または,

キーボードのショートカット [Ctrl]+[L] を使用して，レーザーポインターをアクティブにすることもできる．

• ペン　　スライドショーを開始した状態で，画面の下部にマウスを移動すると，ツールバーが表示される（図 7.23）．ツールバーの［ペン］アイコンを選択し，［ペン］をクリックすると，マウスポインターがペンとなる．または，キーボードのショートカット [Ctrl]+[P] を使用して，ペンをアクティブにすることもできる．ペンを使って，スライドに書き込むことができる．

図 **7.23**　スライドショー中のツール

7.5.4　発表者ツール（図 7.24）

プレゼンテーションを行う際に役立つ機能である．このツールを使用すると，発表者はスライドを視聴者に表示しながら，同時にノートや次のスライドのプレビューなど，発表に役立つ追加情報を自分だけが見ることができる．ただし，視聴者にスライドを表示するモニターと，発表者が発表者ツールを確認するためのモニターが必要となる．スライドショー中のスライドを右クリックし［発表者ツールを表示］を選択すると，発表者ツールが表示される．

発表者ツールの主要なウィンドウの名称と機能を説明する．

(1)　現在のスライド　　視聴者に表示されている現在のスライドが大きく表示される．レーザーポインターやペンの書き込みなどができる．

(2)　次のスライド　　次に進むと表示されるスライドのプレビューが表示される．

(3)　スピーカーノート　　ノートペインに入力された文字が表示される．

(4)　ツールバー　　ポインターツールなど，プレゼンテーションをよりインタラクティブ

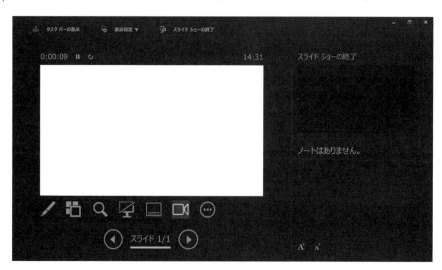

図 **7.24**　発表者ツール

に行うためのツールが含まれている．ポインターツール，スライドの拡大，字幕やカメラ[*6]の
ON・OFF を切り替えることができる．

演習 7.5

次の操作を行いなさい．
1) 新規プレゼンテーションにスライドを 5 枚追加し，各スライドのタイトルにスライド番号を入力しなさい．
2) スライドショーを最初から最後のスライドまで表示しなさい．
3) 3 枚目のスライドからスライドショーを開始しなさい．
4) ポインターツールのペンを使って，スライドショー中のスライドに絵を描きなさい．

[*6]　コンピュータのマイクを用いると，ライブキャプション（音声を自動的に文字起こしする）か字幕（別の言語への翻訳）を利用できる．また，レリーフにカメラの映像を表示するかどうか制御できる．

8

プレゼンテーション
(ウェブアプリケーション)

8.1 Microsoft 365 PowerPoint（ウェブ版）の概要

　近年，クラウドコンピューティングの普及により，オフィスソフトもウェブアプリケーション化が進んでいる．Microsoft 365 PowerPoint（ウェブ版）（図 8.1）は，Microsoft が提供するクラウドベースのプレゼンテーション作成ツールで，インターネットに接続できる環境であれば，どこからでも PowerPoint を使用することができる．ウェブ版 PowerPoint は，従来のデスクトップ版 PowerPoint とほとんど同様の機能を提供しつつ，クラウドストレージとの連携により，ファイルの保存や共有がよりシームレスに行えるようになっている．また，複数のユーザが同時に同じファイルを編集することができる共同編集機能も大きな特徴である．ウェブ版 PowerPoint を活用することで，グループワークでの資料作成や，オンライン発表など，さまざまな場面で効果的にプレゼンテーションを行うことができる．

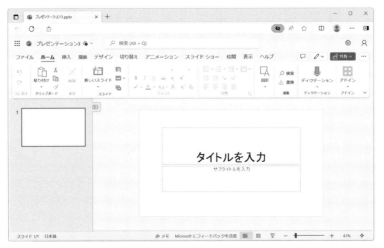

図 8.1　ウェブ版 PowerPoint（Microsoft Edge で表示）

8.1.1　必要なアカウント
　ウェブ版 PowerPoint を使用するには，Microsoft アカウントが必要である．まだアカウントを取得していない場合は，Microsoft アカウントを取得しよう．

8.1.2　アクセス方法
　以下の手順でウェブ版 PowerPoint にアクセスできる．

1) ウェブブラウザを開き，https://www.office.com にアクセスする．
2) 画面の［サインイン］をクリックし，Microsoft アカウントでサインインする．
3) サインイン後，［PowerPoint］のアイコンをクリックする．
4) 起動画面が表示される（図 8.2）．

図 8.2　ウェブ版 PowerPoint の起動画面

8.2　基本的な操作

8.2.1　ファイルの新規作成

ウェブ版 PowerPoint の起動画面を開いたら，まず新しいプレゼンテーションファイルを作成する．［新規作成］の［空白のプレゼンテーション］を選択する．

8.2.2　ファイルの保存

ウェブ版 PowerPoint では，ファイルはクラウドドライブの OneDrive に自動保存される．スライドに変更があるたびに自動保存されるため，手動で保存する必要はない．

8.2.3　ファイル名の変更

プレゼンテーションの名前を変更するには，画面に表示されているファイル名をクリックする．するとファイル名を入力できる画面が表示されるので，ファイル名を編集する（図8.3）．

図 8.3　ファイル名の変更

8.3 共有機能

8.3.1 共同編集の方法

ウェブ版 PowerPoint の大きな特徴の一つは，複数のユーザが同時に同じファイルを編集できる共同編集機能である．共同編集を行う手順は以下の通りである．

1) 共同編集を行いたいプレゼンテーションを開く．
2) 画面右上の［共有］ボタンをクリックする．
3) ［リンクの取得］をクリックし，［リンクをコピー］を選択する．
4) コピーしたリンクを，共同編集を行うメンバーに送信する．
5) メンバーがリンクを開くと，同じファイルを同時に編集できるようになる．

8.3.2 コメントの追加

共同編集者同士でコミュニケーションをとるために，コメント機能を活用するとよい．コメントに返信することで，スレッド形式でディスカッションを行うことができる．また，コメントに解決マークを付けることで，対応が完了したコメントを管理できる．コメントの追加方法は以下の通りである．

1) コメントを追加したいオブジェクトを選択する．
2) ［挿入］タブの［新しいコメント］をクリックする．
3) あるいは，右クリックメニューの［新しいコメント］をクリックする．
4) コメントを入力し，投稿ボタンをクリックする．

8.3.3 ライブプレゼンテーション

ウェブ版 PowerPoint を使ってオンラインでプレゼンテーションを行う際，「ライブプレゼンテーション」機能を活用することで，よりインタラクティブな発表が可能になる．ライブプレゼンテーションでは，プレゼンター側の画面をインターネットを介して聴衆のデバイスで表示することができるだけでなく，プレゼンターは聴衆のリアクションをリアルタイムで受けとることもできる．以下の手順でライブプレゼンテーションを開始できる．

1) ［スライドショー］タブの［ライブプレゼンテーション］をクリックする．
2) ライブプレゼンテーションが起動する．
3) 生成されたリンクや QR コードを使っ

図 8.4 ライブプレゼンテーションの待機画面

図 8.5 ライブプレゼンテーションのスライドショー画面

て聴衆にプレゼンテーション画面にアクセスしてもらう（図 8.4）.
4) 参加者がセッションに参加したら，[スライドを表示する]をクリックするとスライドショーが開始される（図 8.5）.
5) 参加者はスライドにリアクションすることができる（図 8.6）．発表者がマイクをオンにしている場合は，自動的に文字起こしされ，参加者に表示される．
6) スライドショーを終了した後，[セッションを終了する]を選択すると，ライブプレゼンテーションが終了する（図 8.7）.

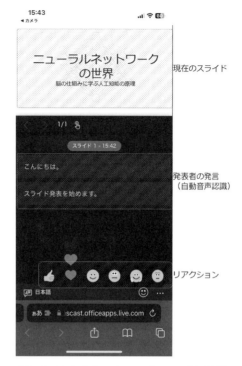

図 8.6 ライブプレゼンテーションの聴衆画面（スマートフォン）

図 8.7 ライブプレゼンテーションの終了

演習 8.1

次の操作を行いなさい．
1) ウェブ版 PowerPoint を開き，新しいプレゼンテーションを作成しなさい．
2) ファイル名を「演習課題」に変更しなさい．
3) 1 枚目のスライドのタイトルに「私の自己紹介」と入力しなさい．
4) 新しいスライドを 2 枚追加し，それぞれ「趣味」「将来の夢」というタイトルを付けなさい．
5) [スライドショー]タブから，[ライブプレゼンテーション]を開始しなさい．
6) スマートフォンなどからプレゼンテーションに参加しなさい．
7) ライブプレゼンテーションを行っているコンピュータのマイクをオンにし，何かしゃべってみなさい．
8) スマートフォンなどからリアクションを送りなさい．

8.4 Google スライドの概要

Google スライドは，Google が提供するクラウドベースのプレゼンテーションアプリケー

ションである．Microsoft の PowerPoint に似た機能を持ち，ウェブブラウザ上で動作する．Google スライドを使用すると，インターネット接続があればどこからでもプレゼンテーション資料を作成，編集，共有することができる．

Google スライドの特徴

- ウェブ公開　作成したプレゼンテーションはウェブに公開可能で，いつでも誰でも観覧が可能である（PowerPoint では不可）．
- リアルタイムの質問　スライドショー中に聴衆が質問を投稿できる（PowerPoint では不可）．
- クラウドベース　ファイルは自動的にGoogle ドライブに保存され，複数のデバイスからアクセス可能である．
- リアルタイムコラボレーション　複数のユーザが同時に同じプレゼンテーションを編集できる．
- 互換性　PowerPoint のファイル形式（.pptx）との互換性があり，インポート・エクスポートが可能である．

8.4.1　Google スライドを使用するための準備

Google スライドを使用するには，Google アカウントが必要である．まだアカウントを持っていない場合は，Google アカウントを作成しよう．Google アカウントを取得したら，次の手順で Google スライドを開始する．

1) インターネットに接続できるコンピュータやモバイルデバイスから，Google のトップページにアクセスする．
2) Google アプリメニューをクリックし，Google アプリの一覧を表示する．
3) Google スライドアイコンをクリックする．
4) Google スライド初期画面が表示されたら，［空白のプレゼンテーション］をクリックする．
5) すでに作成済みのプレゼンテーションを開く場合は，ファイルをクリックすればよい．
6) Google スライドが起動する（図 8.8）．

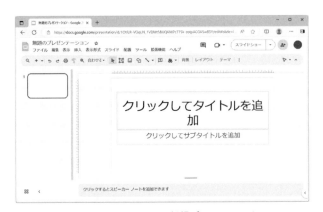

図 **8.8**　Google スライドの新規プレゼンテーション

8.4.2　スライドの編集

Google スライドのスライドに対する操作は，追加，削除，並び替え，スキップ，複製があ

り，ウェブ版 PowerPoint とほぼ同等の機能，インターフェースを備えている．なお，スライドをまとめるセクション機能はない．

スライドの編集

- **追加** 新しいスライドを追加するには，画面左側のスライドサムネイル一覧で，新しいスライドを挿入したい位置にカーソルを合わせ，メニューの［+］ボタンをクリックする．または，挿入したい位置にカーソルを合わせた状態で右クリックメニューから［新しいスライド］をクリックする．
- **削除** スライドを削除する場合は，削除したいスライドを選択し，[Backspace] もしくは [Delete] を押す．または，削除したいスライドを選択した状態で右クリックメニューから［削除］をクリックする．
- **並び替え** スライドを並び替える場合は，スライドサムネイル一覧でスライドを選択し，ドラッグ&ドロップすればよい．
- **スキップ** PowerPoint の「非表示」と同じ機能である．スライドをスキップするには，スライドを選択し，右クリックメニューから［スライドのスキップ］をクリックする．
- **複製** スライドを複製するには，スライドを選択し，右クリックメニューから［スライドのコピーを作成］をクリックする．

- **スライド内容（オブジェクト）の作成と編集** Google スライドではテキスト，画像，図形，表，グラフなどのオブジェクトをメニューの［挿入］（図 8.9）から追加できる．本書で手順の説明はしないが，グループ化，アニメーション，トランジションの機能も有する．

図 **8.9** スライドの挿入メニュー

8.5 スライドショー

8.5.1 スライドショーの開始

メニュー上部の［スライドショー］（図 8.10）をクリックして，スライドショーを開始する．すると，スライドが全画面で表示される．

図 **8.10** Google スライドショーの開始

8.5.2 プレゼンター表示の利用

「プレゼンター表示」は PowerPoint の発表者ツールにあたる機能である．リアルタイムの質問を受け付ける機能をもつ．利用手順は以下である．

1) メニュー上部の［スライドショー］から［プレゼンター表示］（図 8.11）をクリックする．
2) プレゼンター表示画面と，スライドショー画面が表示される（図 8.12）．
3) スライドショー画面は下部のメニューから全画面表

図 **8.11** スライドショー（プレゼンター表示）

示にできる．
4) 質問を受け付ける場合は，ユーザツール（図 8.13）をクリックし，［新しいセッションを開始］をクリックする．
5) スライドショー画面の上部に質問用の URL が表示（図 8.14）される．
6) 聴衆はこの URL にアクセスするとリアルタイムに質問することができる（図 8.15）．

図 8.12　プレゼンター表示

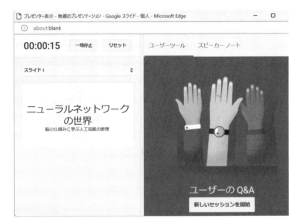

図 8.13　プレゼンター表示（ユーザツール）

図 8.14　ユーザツール（質問の受け付け）

図 8.15 ユーザツール（質問入力画面）

8.5.3 スライドの公開

スライドをウェブに公開するには，メニューの［ファイル］から［共有］を選択し，［ウェブに公開］（図 8.16）をクリックすればよい．

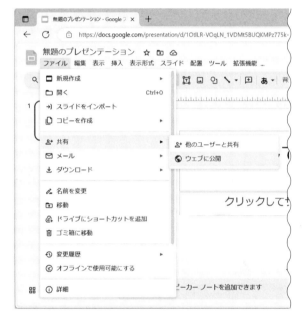

図 8.16 スライドの公開

9

HTML

ウェブページ（2.2 節）は情報発信の手段として広く利用されている．ウェブページはプログラミング言語の一つである HTML（Hypertext Markup Language）言語で書かれている．そこで，この章では HTML 言語を学びながらウェブページの作成ができるようになることを目指す．この章の各節では解説のあとに演習問題があるが，解説を難しく感じるときは先に演習問題をやってみて，それから解説を読むとよい．

9.1 World Wide Web（ウェブ）の基礎知識

まずウェブページがどのような仕組みでインターネットの世界で閲覧可能になっているかをみてみよう．インターネットでは，ウェブページの閲覧（文字や画像の送受信），メールの送受信，ファイルの送受信などが可能である．このような媒体の送受信は，それぞれ異なった通信規則（プロトコル）を使って行われており，ウェブページの場合は HTTP（Hypertext Transfer Protocol）と呼ばれる規則を使用している．text という言葉を使用していることからわかるように HTTP は主にテキスト情報（文字情報）を送受信する仕組みであるが，画像や音声なども送信可能である．

図 9.1 は，HTTP を使った情報の流れの概略である．ウェブページ制作者は，ウェブサーバと呼ばれるサーバ機に作成したウェブページ（＝ HTML ファイル）を置く．閲覧者は，ウェブページの場所を URL または IP アドレスでウェブブラウザに指定することでそのウェブページを閲覧できる．

このとき，サーバとユーザの PC（クライアントと呼ぶ）の間では，要求（リクエスト）と応答（レスポンス）という仕組みが働いている．ウェブブラウザがあるウェブページを見たいというリクエストをウェブサーバに送ると，ウェブサーバはそれに応えて指定されたウェブページをウェブブラウザに返す（レスポンス）．このリクエストとレスポンスが HTTP の大まかな仕組みである．

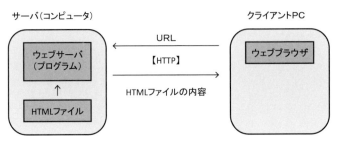

図 9.1 ウェブページ閲覧の仕組み

ウェブページの場所を示すアドレス（URL: uniform resource locater）については 1.6.3 項で紹介したが，ここでは「https://www.kitasato-u.ac.jp/ahs/index.html」を例に取って説明する．この URL は左から順に，

プロトコル名	https
サーバ名	www
ドメイン名	kitasato-u.ac.jp
ディレクトリ名	ahs
ウェブページのファイル名	index.html

なので，kitasato-u.ac.jp というドメイン（ネッワーク）にある www というサーバにある ahs というディレクトリ内の index.html ファイルに HTTPS というプロトコルでアクセスするという意味となる．

9.2 HTML ファイルの作成方法と確認方法

ウェブページの実体は，ウェブサーバに置かれている HTML ファイルである．この HTML ファイルは HTML 言語で書かれたテキストファイルで，拡張子は通常「.html」または「.htm」である．HTML では半角の不等号で囲まれたタグによって，画面への表示方法などを指定する．例えば

```
<h1>大見出し</h1>
```

はここに一番上のレベルの見出しを設定し，この 2 つのタグで囲まれた文字を一番大きいサイズの文字で表示せよ，という指定になる．ここで，<h1>を開始タグ，</h1>を終了タグという．「h1」はタグの名前，タグ名の前に「/」をつけるとそのタグで指定された区間の終了を意味する．また，2 つのタグで囲まれた部分をコンテンツ，タグも含めた全体を要素と呼ぶ．

HTML ファイルは，テキストエディタ，または HTML 入力専用の HTML エディタを使用して作成する．テキストエディタを使用する場合はタグをすべて自分で入力する必要があるが，HTML エディタは目的のタグをマウスなどで選択するだけで挿入が可能な便利なソフトウェアである．どちらもフリーで使いやすいものがいくつかある．

自分が作成した HTML ファイルに間違いがないかどうかは，以下の validation（検証）ページで確認することができる：https://whatwg.org/validator/

ウェブページを閲覧するウェブブラウザは，Google Chrome, Safari, Mozilla Firefox, Microsoft Edge などさまざまな種類があるが，ウェブブラウザによっては HTML ファイルが正しく書かれていても，ウェブブラウザのバグなどから表示の崩れが起きたりすることがある．また，タブレット PC，スマートフォンなどのモバイル端末は機種ごとに画面の解像度が異なるため，PC 向けに作成されたウェブページでは読みにくい場合がある．そのため，作成した HTML ファイルが自分の意図通りに表示されているかどうか，使用を想定しているデバイス上で確認を行う必要がある．この章では，PC 上で Google Chrome ブラウザを使って表示確認を行う．

9.3 HTML と CSS

HTML ファイルを作成する際は，必要なタグを規則に従って配置することが求められる．HTML の規則に沿って書かれたテキストをこの章ではコードと呼ぶことにする．HTML の規

則は，国際的な標準化・非営利団体 World Wide Web Consortium（W3C: https://www.w3.org/）を中心に策定され，長い間，HTML4 という仕様が使われていたが，2014 年 10 月に W3C は HTML5（HTML の version 5）の技術仕様に従うよう勧告を行った．さらにその後，2019 年 5 月からは HTML の仕様作成は WHATWG（Web Hypertext Application Technology Working Group）というウェブブラウザの開発者の団体に移管することになり，現在は WHATWG が策定している HTML Living Standard が標準仕様になっている（仕様自体は HTML5 と大きくは変わらない）．そのため本書では HTML Living Standard に準拠した形で説明を進めていくが，HTML4 と比較すると初心者にはわかりにくいところがあるので本書では読者が理解できるよう仕様を噛み砕いて説明する．

旧版の HTML4 では，文字の色やフォントの種類・サイズ，ウェブページの背景色等，さまざまな装飾に対応するために規定が拡張されてきたが，文書全体の構造を指定するタグとローカルなレイアウトやデザインを指定するタグが混在するようになり，コードがわかりにくくなってしまった．文字の装飾やレイアウトなどをスタイルと呼ぶが，HTML5 以降は HTML ファイルは原則としてウェブページの構造と骨組みを指定する役割を担うことにし，文字の装飾などのスタイルは HTML ファイルとは別に CSS（cascading style sheets）ファイルで指定することにより，機能の分離とプログラムの可読性の向上を図るのが基本的なやり方となった．ただし，本書では HTML ファイルと CSS ファイルの 2 つのファイルを作成するという煩雑さを避けるために，HTML ファイル内に CSS を記述する方法で説明を進めていく．

なお，CSS は今でも W3C が策定を行っており，CSS ファイルに間違いがないかは以下の検証ページで確認することができる：https://jigsaw.w3.org/css-validator/

9.3.1　HTML の基本構造

図 9.2 に HTML ファイルの基本構造を示した．HTML ではウェブページの要素名を半角の不等号で括った「タグ」を使ってさまざまな指定を行う．全体の構造は，<!DOCTYPE>，<html>，<head>，<body>の 4 つのタグを使って記述する．

1 行目の<!DOCTYPE html>は HTML ファイルの先頭に置き，この文書が HTML 規格で作成された文書であることを宣言するのに使用する．

2 行目と最終行の <html>タグと</html>タグで囲まれた部分が，HTML で記述する内容になる．<html>タグでは「lang="ja"」のように「使用する言語を指定することが推奨されて

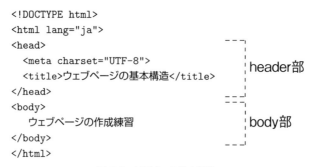

図 9.2　HTML の基本構造

いる *1). その中は，大きく

```
<head>～</head>
<body>～</body>
```

の 2 つの部分に分かれている．最初の <head>タグと</head>タグの間（head 部，header 部）には，例えばどのような文字コード（10.4 節）を用いるかや（通常は UTF-8），このウェブページのタイトル名など，主としてブラウザや検索エンジン向けの情報を記述する．ホームページで実際に表示したい内容は，<body>タグと</body>タグの間（body 部）に記述する．

はじめに図 9.2 のファイルを作っておき，その後はこのファイルに必要なタグを付け加えていくとよいだろう．最初は個々のタグの意味がよくわからなくてもすぐに慣れるので心配は不要である．なお，タグはすべて半角文字で入力する．

演習 9.1

図 9.2 に記載された HTML コードをテキストエディタを使って入力しなさい．そして，ファイル名を「index.html」，文字コード「UTF-8」として保存しなさい．次に，ウェブブラウザを起動し，作成したファイルをブラウザ上にドラッグ&ドロップし，ウェブページのタイトルが「ウェブページの基本構造」となっていることを確認しなさい．

演習 9.2

【演習 9.1】で作成した index.html 内の<body></body>の間に「ウェブページの作成練習」以外にも文字を追記して上書き保存を行い，ブラウザで追記された内容がどう表示されるか確認しなさい．

9.3.2 CSS の基本構造

前節で HTML 言語に基づいて最も簡単なウェブページを自分で作った．このように，ウェブページの内容と構造は HTML 言語で記述するが，文字の色やレイアウトなどのスタイルは CSS 言語で記述する．

具体的には，HTML の body 部などの 1 つ 1 つの要素に対して，例えば

```
body {background-color: lightyellow; }
```

のような形式でスタイルを定義する．この場合は，<body>タグ間の背景色は lightyellow（明るい黄色）にするという意味になる．

一般的な構文は

```
セレクタ {プロパティ名: プロパティ値; }
```

である．セレクタは body など対象となる要素や後述する class などの名前，プロパティ名は色やフォントなど，指定をしたい性質の名称，プロパティ値はプロパティ名が色であれば青などの具体的な設定値を意味する *2). セレクタの直後に中括弧 { } を使って全体を囲み（こ

---

*1) この例のようにタグはオプションの追加指定が可能だが，それを属性（attribute）と呼んでおり，<html lang="ja"> のように「要素名 属性名 = 値」という書式を使う．

*2) 属性（attribute）とプロパティ（property）はよく似た概念だが，HTML ではタグの基本的な機能に追加を行うものを属性，色や大きさ，レイアウトなどスタイルの個々の性質をプロパティと呼んでいる．

の囲まれた部分を宣言ブロックと呼ぶ），プロパティ名とプロパティ値の間には「:」（コロン）を記述する．複数のプロパティを区切る場合は「；」（セミコロン）を使用する．

　試しに，図 9.2 の header 部に図 9.3 にならって<style>タグを挿入してウェブページの背景色を明るい黄色，文字色を青，使用されるフォントを Windows，Mac の双方で使える「游明朝」と指定してみよう．読みやすさのために字下げをしたいときは半角スペースを使用してよい．なお，CSS を別ファイルとせずに図 9.3 の例のように HTML ファイル内に記述する場合は，header 部の中に以下のような形式で記述する．

```
<style>
  セレクタ { プロパティ名: プロパティ値; }
</style>
```

　CSS では色は，色の名前により指定する方法と RGB（赤緑青の 3 原色）を 16 進数で表現した値で指定する方法がある．RGB で色を指定することでトゥルーカラー（10.5 節）で色を表現できる．以下の例のように使用する．

色の名前で指定する場合：セレクタ {プロパティ: purple; }

16 進数で指定する場合：セレクタ {プロパティ: #800080; }

指定できる色の名前と RGB の 16 進数による表現については，表 10.7 を参照されたい．

```
<!DOCTYPE html>
<html lang="ja">

<head>
  <meta charset="UTF-8">
  <title>ウェブページの基本構造</title>

  <style>
    body{
        background-color: lightyellow;
        color: blue;
        font-family: "游明朝";
        }
  </style>
</head>

<body>
    ウェブページの作成練習
</body>

</html>
```

（style要素）

図 9.3 CSS によるスタイル指定の例

演習 9.3

【演習 9.2】で作成した index.html に，図 9.3 に倣ってスタイル要素を追記して上書き保存を行い，ブラウザ上でスタイルの変化を確認しなさい．

9.4 HTML のタグ

　HTML のタグは，文字，画像等の内容を段落などでグループ化し，内容に合わせて表示を

読みやすくするもの，画像などの素材を埋め込むもの，ほかのウェブページへのリンクの機能を持たせるものなど多くの種類がある．本書では，数あるタグの中で最低限知っておくべきものについて紹介する．

9.4.1 グループ化を行うタグ

人間が文章を書くとき「起・承・転・結」を大まかな枠組みとして，段落を用いて文章全体を構造化することがよくある．同じようにウェブページを作成する場合も，中に記述される文章を段落に分けたり，2つの話題（例えば，趣味の話と勉強の話など）の間に区切りを入れたりすることで見やすいページが作成できる．このようにページに記載されている内容（コンテンツ）をまとめることをグループ化と呼んでいる．

グループ化を行うタグとしては，<p>，<pre>，<hr>，<div>タグや<ul>，<ol>，<li>タグがある．以下では，例題を使ってそれぞれのタグの働きについて順に説明をする．

はじめに，図 9.4 上のコードを<body></body>間に入力して，作成したファイルをウェブブラウザで見てみよう．図 9.4 下がその結果である．まず，HTML ファイルでは 2〜5 行目が改行されていたが，これが無視されていることと（わずかなスペースは入っているが），半角スペースも無視されていることがわかる．ただし，全角スペースは通常の文字と同じ扱い

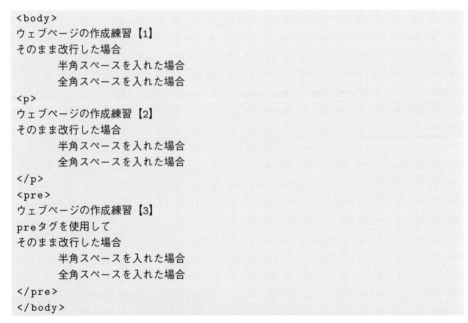

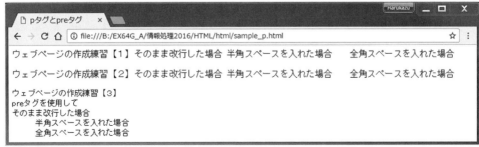

図 9.4 <p>タグと<pre>タグの使用例（上：コード，下：表示結果）

で，コードの通りにスペースが入っている．

(1) <p>タグ　　<p>タグは，ウェブページの内容の一部を1つの段落として扱いたいときに使用する．「p」は段落を意味するparagraphの先頭文字である．ウェブブラウザや検索エンジンは，<p>タグに囲まれている文章は1つの段落であると解釈する．図9.4上の中程の<p>と</p>で囲まれた部分が<p>タグのコンテンツだが，図9.4下の表示結果を見るとわかるように，表示の際はエディタで入力した改行と半角スペースは無視される．また，全角スペースは通常の文字と同じ扱いでスペースとして機能する．

(2) <pre>タグ　　<p>タグと同様にウェブページの内容の一部を1つの段落として扱いたいときに使用する．「pre」はPreformatted Text（整形済みテキスト）の略である．図9.4上のコードの下部の<pre>と</pre>で囲まれた部分が<pre>タグの使用例だが，図9.4下の表示結果を見るとわかるように，<p>タグと異なり入力した文字列が改行，半角スペースも含めて入力したレイアウトの通りに表示される．そのため，改行やスペースを使って整形した文章をそのまま表示したいときに使用すると便利である．ただし，ブラウザによっては，<pre>タグ内のフォントは小さくなるので注意が必要である．

> **演習 9.4**
> 【演習9.1】で作成したHTMLファイルのbody部を，図9.4のコードで置き換え，改行，半角スペース，全角スペースの表示の違いをブラウザで確認しなさい．

(3) <blockquote>タグと<h>タグ

<blockquote>タグは長めの引用を表示するのに向いており，<blockquote></blockquote>間のテキストは上下左右に余白を設けて表示されるため，引用部分が視覚的に掴みやすく，ホームページ全体を読みやすくする効果がある．

本文中に見出しを入れたいときは<h>タグが便利である．hのあとに1～6までの数字を付けることにより，いろいろなレベルのセクションを作り，見かけの上ではさまざまな大きさの見出しを表示することができる（図9.5）．

表9.1はテキストのグループ化や整形に関するタグの一覧である．

表 9.1 テキストのグループ化と整形のタグ

タグ	機能
 	改行
<p>	段落
<hn>（$n = 1, \ldots, 6$）	見出し
<pre>	整形済みテキスト
<q>	引用（1行のとき）
<blockquote>	引用文

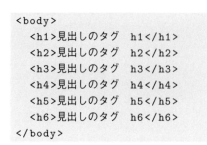

図 9.5 <h>タグの使用例（左：コード，右：表示結果）

(4) <hr>タグ 「hr」は horizontal rule（水平の罫線）の略で，ウェブページ内で「起・承・転・結」の区切りをわかりやすく表示したり，ウェブページ内のテーマが切り替わる場合にトピックの変化を見える形で提示したいときに使用する．<hr>タグを入れることによって横線が表示され，見た目でも区切りがわかる（図 9.6）．

(5) <div>タグ <div>タグは，ウェブページのある範囲を 1 つのグループとして扱うときに使用する．<div></div>で囲んだ範囲をグループとして扱うことができるが，それだけでは囲んだ範囲の前後で改行が行われるくらいで見かけ上の変化はない[*3]．では，何のために使うかというと CSS で定義したスタイルを適用する範囲を指定する必要があり，かつほかに適当な方法がないときに使用する[*4]．

具体例を見てみよう．図 9.6 の html コードでは，<div>タグにより全体が 3 つの部分に分けられている．そして，最初の部分に対しては，

```
background-color:gray; color:black;
```

つまり，背景は灰色，文字色は黒というスタイルが指定されている．また，2 番目と 3 番目に対しては別のスタイルが指定されている．そのため，ウェブブラウザ上では図 9.6 右のよ

```
<div style="background-color:gray;
  color:black;">
  <p>Wordの使い方</p>
  <p>WWWWWWWWWWWWWWW</p>
  <p>WWWWWWWWWWWWWWW</p>
</div>

<hr>

<div style="background-color:black;
  color:white;">
  <p>Excelの使い方</p>
  <p>EEEEEEEEEEEEEEEEEEEE</p>
  <p>EEEEEEEEEEEEEEEEEEEE</p>
</div>

<hr>

<div style="background-color:white;
  color:blue;">
  <p>PowerPointの使い方</p>
  <p>PPPPPPPPPPPPPPPPPPP</p>
  <p>PPPPPPPPPPPPPPPPPPP</p>
</div>
```

図 9.6 <div>タグと<hr>タグの使用例（左：コード，右：表示結果）

[*3] <div>タグと似たタグとして<span>タグがある．<span>タグは文ではなくキーワードなどより短いテキストをグループ化するのに用いられ，<div>タグと違って改行は行われない．

[*4] <div>タグはとても便利だが，例えばある段落のスタイルを指定する場合は<p>タグを使い，<p>タグに対してスタイルを指定する方が自然である．また，改行のために<div>タグを使うのは本来の用途に反する．段落が終わりなので改行するのであれば，<p>タグを使う方がよい．また，段落の途中などで必要があって改行をする場合は，
タグを利用することができる．

うに背景と文字色が変化している.

> **演習 9.5**
>
> 図 9.6 のコードを body 部に入力し,背景色と文字色の指定が実現していることを確認しなさい.

(6) **スタイルの定義**　図 9.6 では,スタイルの指定を`<div>`タグの中に直接書いたが,本来は CSS でスタイルを定義し,`<div>`タグでそのスタイル名を指定する方が柔軟性が高い[*5].図 9.3 の例では,`<body>`タグに対してスタイルを定義したが,同じタグに異なる複数のスタイルをあらかじめ定義することもできる.

図 9.7 の左上のコードを見てみよう.ここでは,`<div>`タグに対して,`right`, `center`, `left` という 3 つのスタイルを定義している.例えば,

```
div.right { text-align: right; }
```

は名前が「`right`」で(これを class と呼ぶ)で,そのスタイルは {} の中で定義されているようにテキストを右寄せするという設定である.そして,左下のコードでは`<div>`タグの中で,

```
<div class="right">
```

という構文で`<style>`タグの中で定義した class 名を指定することで,右寄せを実現している[*6].

> **演習 9.6**
>
> 図 9.7 のコードを入力し,右寄せ,センタリング,左寄せ,横罫線が実現していることを確認しなさい.

(7) **リスト**　文章を書くときに図 9.8 右のような箇条書きを使いたいこともある.これには,図 9.8 左のコードのように,`<li>`タグで囲って並べた一覧を`<ul>`または`<ol>`タグで囲めばよい.各行の先頭(マーカ)は`<ul>`タグの場合は黒丸,`<ol>`タグの場合は数字の連番が標準だが,CSS によりスタイルを指定することで別の形状の記号や数字を使うこともできる.表 9.2 はマーカの名前の一覧で,図 9.8 の中央の`<ul>`タグはマーカとして白丸を使った例である.なお,この例では (6) 項脚注[*5] の 1) で示した,タグの中で直接スタイルを指定する方式を使っているが,2) と 3) の方式の場合は以下の構文で指定する.

```
ul { list-style-type: マーカの名前; }
ol { list-style-type: マーカの名前; }
```

[*5] CSS によるスタイルの定義の仕方は以下の 3 つがある.
　　1) 図 9.6 のようにタグの中に「`style="プロパティ名: プロパティ値"`」という形式で直接記述する.
　　2) 図 9.3 や図 9.7 のように,header 部の中に style 要素として記述する.
　　3) 独立したファイルに記述し,そのファイルを html ファイルから参照する.現在の仕様ではこの方法が推奨されているが,慣れるまでは 1) や 2) でもよいだろう.

[*6] class 属性に似た属性に id 属性がある.両者の違いは,class 属性は body 部の中で何度も使うことができるのに対して,id 属性の場合はひとつの id 属性は一度しか適用できないことである.id 属性はあとで 9.4.4 節で説明するページ内の位置を定義する際などに使用する.また,異なるタグに対して同じ class 名(例えば,「right」など)を使うことができるが,id 属性の名前は一度しか使うことができない.

```
<style>
  div.right {text-align: right; }
  div.center{text-align: center; }
  div.left  {text-align: left; }
</style>
```

```
<div class="right">
  <p>Wordの使い方</p>
  <p>WWWWWWWWWWWWWWWW</p>
  <p>WWWWWWWWWWWWWWWW</p>
</div>

<hr>

<div class="center">
  <p>Excelの使い方</p>
  <p>EEEEEEEEEEEEEEEEEEEE</p>
  <p>EEEEEEEEEEEEEEEEEEEE</p>
</div>

<hr>

<div class="left">
  <p>PowerPointの使い方</p>
  <p>PPPPPPPPPPPPPPPPPP</p>
  <p>PPPPPPPPPPPPPPPPPP</p>
</div>
```

図 9.7 class を使ったスタイルの指定例（左：コード，右：表示結果）
上の CSS による定義は図 9.3 と同様に header 部に記述する．

```
<ul>
  <li>あいうえお</li>
  <li>かきくけこ</li>
  <li>さしすせそ</li>
</ul>

<ul style="list-style-type: circle;">
  <li>あいうえお</li>
  <li>かきくけこ</li>
  <li>さしすせそ</li>
</ul>

<ol>
    <li>あいうえお</li>
    <li>かきくけこ</li>
    <li>さしすせそ</li>
</ol>
```

図 9.8 リストの例（先頭のマーカは上から順に黒丸，白丸，数字）

表 9.2 リスト表示のスタイル指定で使えるマーカ名

<ul>タグに対する指定

none	表示無し
disk	黒丸
circle	白丸
square	四角

<ol>タグに対する指定

decimal	算数字
lower-roman	ローマ数字（小文字）
upper-roman	ローマ数字（大文字）
lower-latin, lower-alpha	アルファベット（小文字）
upper-latin, upper-alpha	アルファベット（大文字）

演習 9.7

図 9.8 のコードを利用し，表 9.2 のさまざまなマーカを使ってリストの先頭の記号が変わることを確認しなさい．

9.4.2 文字の装飾

文字を表示する際の大きさや装飾を指定するために，表 9.3 のようなタグが用意されている．図 9.9 は表 9.3 のタグを実際に使った例である．

表 9.3 文字を装飾するタグ

タグ	機能
<sup>	上付き
<sub>	下付き
<i>	イタリック
<b>	ボールド（太字）
<big>	大きめにする
<small>	小さめにする

演習 9.8

表 9.3 の文字装飾のタグを利用して，以下の方程式と化学式を表示しなさい．

$$x^2 - 2y^2 = 1, \qquad CO_2$$

```
x<sup>2</sup>+y<sup>2</sup>=1<br>
H<sub>2</sub>O<br>
<i>italic</i><br>
<b>bold</b><br>
<small>small characters</small><br>
```

図 9.9 文字の大きさや装飾の指定例（左：コード，右：表示結果）

9.4.3 画像の表示

ウェブページには，文字だけでなく画像，音楽，動画等のコンテンツを埋め込むことができる．画像ファイルは<img>タグを用いて以下の形式で表示させることができる．

<img src="ファイル名" alt="画像の説明">

図 9.10 のコードはウェブ上の画像ファイルを URL で指定した例だが，画像ファイルが別のディレクトリにあるときは，この例の「Icons/valid-css.png」のように，ディレクトリ名とファイル名を「/」で繋いだパス名で指定する．なお，他の人が作った画像を転載する場合は版権者の許諾を得る必要がある．

```
<hr>
<img src="https://www.w3.org/Icons/valid-css.png"
  alt="Validation Passed">
<p>CSSの文法チェックに合格すると上のアイコンを表示することができる</p>
<hr>
```

図 **9.10** 画像の表示例（上：コード，下：実際の表示結果）

<alt>タグは主として目が見えない人のための配慮である．目が見えなくてもウェブブラウザの「読み上げ」機能を利用して，ウェブサイトから情報を得ている人は少なくない．ウェブサイトは，さまざまなハンディキャップがある人のことも考えて制作しなくてはならないが，どのような点に注意をすべきかは，W3C により Web Content Accessibility Guidelines としてまとめられている．以下に和訳があるので，ウェブサイトを一般公開する場合は目を通しておきたい：https://waic.jp/translations/WCAG21/

9.4.4 ハイパーリンク

ハイパーリンクの機能を使うと，文字や画像をクリックすることで
1) 任意のウェブページ
2) 自分が作成した他のウェブページ
3) 現在のウェブページ内の他の場所

への移動を実現できる．この節では，ハイパーリンクに使われる anchor タグ（アンカータグ，<a>タグ）について説明する．アンカータグでは，リンク先は次のように href 属性で指定する．

```
<a href="リンク先の位置">説明のテキスト</a>
```

(1) 任意のウェブページへの移動　　以下の例のようにリンク先の位置として URL を指定すると（「リンクを張る」という）当該ページへジャンプすることができる．

```
<a href="https://waic.jp/translations/WCAG21/">アクセシビリティのガ
  イドライン</a>
```

図 9.11 はその表示結果である．

(2) 自分が作成した他のウェブページへの移動　　anchor タグは自分のサイト内の HTML ファイル間の移動にも利用できる．図 9.12 のような書き方をすると，目次のあるファイル（この場合は index.html）と前後の章のファイル（この場合は section01.html と section03.html）への移動がしやすい．

(3) 現在のウェブページ内の他の場所への移動　　anchor タグを使うと異なるファイル間だけでなく，同じファイルの任意の箇所へのリンクも設定することができる．図 9.13 はそ

図 9.11 ハイパーリンクの表示例

```
[<a href="section01.html">前章へ</a>]
[<a href="index.html">目次へ</a>]
[<a href="section03.html">次章へ</a>]
```

図 9.12 ハイパーリンクを使った HTML ファイル間の移動の例（左：コード，右：表示結果）

の機能を使った目次の実現例である．まず，ジャンプさせたいウェブページ内の場所に，id属性を使って

```
<hr id="anchor_1">
```

のような形式で名前をつけておく．そして，リンク先は id 属性名の前に「#」をつけて，以下の例のように指定する：

```
<a href="#anchor_1">第 1 章</a>
```

このようにしておくと，図 9.13 右の表示画面で，例えば「第 2 章」と書かれたリンクをクリックすると，該当箇所が画面上に表示されていない場合，本文中の該当箇所へ表示が移る．なお，この例では<hr>タグにジャンプする例を紹介したがジャンプ先は<p>タグなど他のタグでもよい．

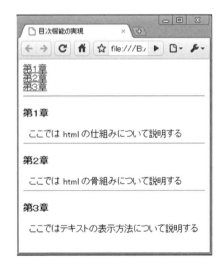

```
<a href="#anchor_1">第1章</a><br>
<a href="#anchor_2">第2章</a><br>
<a href="#anchor_3">第3章</a><br>

<hr id="anchor_1">
<h4>第1章</h4>
　　ここではhtmlの仕組みについて説明する

<hr id="anchor_2">
<h4>第2章</h4>
　　ここではhtmlの骨組みについて説明する

<hr id="anchor_3">
<h4>第3章</h4>
　　ここではテキストの表示方法について説明する
```

図 9.13 <a>タグを使った目次機能の実現例（左：コード，右：表示結果）

演習 9.9

以下の anchor タグの使い方を利用して，HTML 関連のサイトのリンク集を作りなさい：

    <a href="リンク先の URL">説明のテキスト</a>

演習 9.10

図 9.13 の各章に，それぞれの項目についての説明を<p>タグを使って追加し，目次機能が実現されていることを確認しなさい.

9.4.5 テーブル

<table>タグを使用することで表を作成することができる．基本となるタグは以下の 5 種類である.

(1) <table></table>：テーブル全体を表す.

(2) <caption></caption>：表題を表す.

(3) <tr></tr>：行を構成する.

(4) <td></td>：行中のセルを構成する.

(5) <th></th>：行，列それぞれにおける見出しを表す．使い方は<td>タグとほぼ同じだが，タグではさんだテキストは太文字でセンタリングされて表示されることが多い（ブラウザによる）.

図 9.14 の「表 2」のように<th>タグ（または<tr>タグ）に対して colspan 属性を使用することにより横方向のセルを，「表 3」のように rowspan 属性により縦方向のセルを結合して 1 つのセルにすることができる（表示結果は図 9.15 を参照）.

また，CSS により表やその中のセルに対して，枠線（色，種類，有無），背景色，余白等が設定できる．図 9.14 の例では

    table { border:4px solid black; }

により，表の枠線の形状（太さ 4 ピクセル，実線，黒）を指定している．また，

    td { background-color:cyan; padding:10px 10px; border:2px
    dotted gray; }

は普通のセルに対して背景色（シアン），上下余白（10 ピクセル），枠線（太さ 2 ピクセル，点線，灰色）を指定している.

演習 9.11

図 9.14 のコードを参考に 3 行 4 列の表を作成しなさい．次に，1 行目の 2～4 列目のセルと 1 列目の 2～3 行目のセルを結合しなさい．また，枠線の色と背景色を変更しなさい.

```
<style>
  table { border:4px solid black;}
  th { background-color:lime; padding:10px 10px;
       border:1px solid gray; }
  td { background-color:cyan; padding:10px 10px;
       border:2px dotted gray; }
</style>

<table>
 <caption>表1</caption>
 <tr><th>corner</th><th>列1</th><th>列2</th><th>列3</th></tr>
 <tr><th>行1</th><td>1-1</td><td>1-2</td><td>1-3</td></tr>
 <tr><th>行2</th><td>2-1</td><td>2-2</td><td>2-3</td></tr>
</table>

<table>
 <caption>表2</caption>
 <tr><th>corner</th><th colspan="3">列</th></tr>
 <tr><th>行1</th><td>1-1</td><td>1-2</td><td>1-3</td></tr>
 <tr><th>行2</th><td>2-1</td><td>2-2</td><td>2-3</td></tr>
</table>

<table>
 <caption>表3</caption>
 <tr><th>corner</th><th colspan="3">列</th></tr>
 <tr><th rowspan="2">行</th><td>1-1</td><td>1-2</td><td>1-3</td></tr>
 <tr>                      <td>2-1</td><td>2-2</td><td>2-3</td></tr>
</table>
```

図 **9.14** <table>タグの使用例

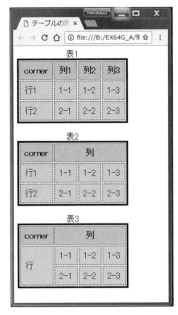

図 **9.15** テーブルの表示例

9.5 CSS のプロパティ

CSS を使った装飾と配置の基本的な指定方法を説明する.

9.5.1 テキストのプロパティ

テキストに対しては，文字の大きさ，書体，行間，左右の配置などの指定が可能である．例えば，図 9.7 の例では

```
div.left { text-align: left; }
```

のように，<div>タグに対して「left」という名前の class を新たに定義し，そのスタイルは配置を左揃えに指定したが，もしフォントサイズ 24 ピクセル，イタリック，行の高さ 38 ピクセル，右揃えであれば以下のように指定すればよい（class 名は「right」とする場合）.

```
div.right {
    font-size: 24px;
    font-style: italic;
    line-height: 38px;
    text-align: right;
    }
```

ここで，「div.right」を「p.right」に変えておけば，<p>タグで class right を指定すれば<p>タグで囲まれる範囲に対してこの指定を適用できる．また.right のようにタグ名を指定しないと，すべてのタグの right という class に対して指定が有効になる．表 9.4 はテキストに対して指定ができるプロパティの一覧である.

9.5.2 配置のプロパティ

上で述べたようにテキストの場合は「text-align」プロパティを使えば，テキストの左寄せやセンタリングが可能だったが，画像やブロックレベル要素 [7] の場合，要素の配置の指定には「float」プロパティが便利である.

以下に，右寄せ，左寄せ，解除方法を示す.

右寄せ：セレクタ {float: right; }

左寄せ：セレクタ {float: left; }

解　除：セレクタ {clear: both; }

図やブロックレベル要素は特に指定がないと縦並びになるが，float プロパティを使うと横並びなど自由なレイアウトが可能になる．ただし，一度 float の指定をすると，解除しない限り指定が続くので，レイアウトの指定が終わったら解除を行う．また，スタイル指定す

---

[7]　HTML のすべての要素は長方形の領域を占め，これをボックスと呼んでいる．span 要素など一部を除いて横幅と高さを指定することにより長方形の大きさを定義することができる．なお，CSS では<div>タグや<table>タグなどで定義される長方形の領域をブロックレベル要素，<span>タグや<img>タグで指定される改行の入らない領域をインライン要素と呼んでいる.

表 9.4　テキストに対して指定可能なプロパティ

プロパティ名	意味	プロパティ値
font-family	フォント	フォント名，総称ファミリー名
font-size	文字サイズ	数値やプロパティ値の名前（small, medium, large など）
font-weight	文字の太さ	数値（100, 200, ..., 900）やプロパティ値の名前
font-style	書体	normal（初期値），italic, oblique（斜体）
line-height	行の高さ	数値
text-align	行揃え	left（左揃え），right（右揃え），center（センタリング），justify（均等割り付け）
text-indent	字下げ	数値（負の値も指定可）
letter-spacing	文字の間隔	数値（標準の間隔に追加する長さを指定する；負の値も指定可）
word-spacing	単語の間隔	数値（標準の間隔に追加する長さを指定する；負の値も指定可）

*ブラウザによってはすべての指定に対応していない場合もある.
*フォント名を指定してもそのフォントがクライアントに搭載されていないと表示できない．固有のフォント名ではなくセリフ体であれば「serif」，ゴシック体であれば「sans-serif」などの総称ファミリー名を指定しておくとそのクライアントに搭載されている指定の種類のフォントで表示されるので，通常は「フォント名，総称ファミリー名」のように指定する（最初に指定したフォントが使えないときは次のフォントが使われる）.
*数値の単位は通常，単位なし，px，em，％である．単位がない場合は通常は標準のサイズに対する比を表す．「em」も同様である．例えば，「1.2」「1.2em」「120％」はいずれも標準のサイズの 1.2 倍を指定したことになる．ただし，「％」は要素によって基準が異なり，行に関する指定の場合はフォントではなく親要素の大きさに対する相対的な大きさを表すのが一般的である．なお，「px」はピクセル数である.
*文字の太さを表す数値は例外で，100 が最も細く，900 が最も太い．プロパティ値名による指定もでき，400 が標準値の「normal」，700 が「bold」に対応し，標準値より大きいか小さいかを表す「bolder」「lighter」も使える.
*プロパティ値として数値が使える場合は，initial（デフォルト値），inherit（親要素のプロパティを受け継ぐ）などがプロパティ値として使える場合が多い.

るセレクタはタグそのものではなく，図 9.16 の class によるスタイルの指定例のように，class もしくは id 属性を対象にする.

9.5.3　セレクタ

スタイルを指定するセレクタには次のようなものがある.

- 「*」：全称タグといい，すべてのタグを対象とすることを意味する.
- 「body」や「p」のような個々のタグの名前.
- 「p」や「div」のようなタグに対して「p.left」や「div.left」のように自分でつけた class 名付きの名前.
- タグ名なしの「.left」のような自分でつけたクラス名（この場合は，すべてのタグに対して指定が有効になる）.
- 属性の指定を 1 回だけにしたい場合に使う id 名.

class 名で指定をするときは「.left」のように「.」を，id 名で指定をするときは「#anchor」のように「#」を名前の前につける.

演習 9.12

図 9.10 の画像を画面の左と右に計 2 つ表示するコードを書きなさい.

```html
<!DOCTYPE html>
<html lang="ja">

<head>
    <meta charset="UTF-8">
    <title>float property の使用例</title>
    <style>
        div.left { background-color: #4169e1;
                   width: 200px;
                   height: 200px;
                   float: left; }
        div.right { background-color: #ff7f50;
                    width: 200px;
                    height: 200px;
                    float: right; }
        div.clear { clear: both; }
    </style>
</head>

<body>
    <div class="left"></div>
    <div class="right"></div>
    <div class="clear"></div>
</body>
</html>
```

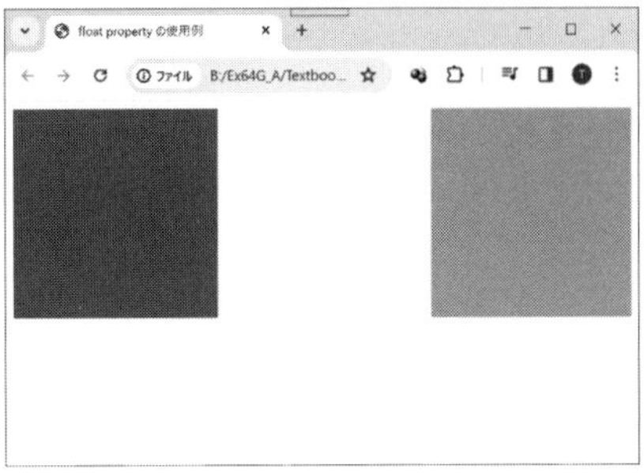

図 9.16　float プロパティの使用例と表示結果

9.6　ウェブページや SNS サイト開設に関する一般的な注意

　ウェブページを公開すると不特定多数の閲覧者が訪問してくることになる．そのため，ネットマナーの基本である，

1）他人に迷惑をかけない

2）自分が被害を受けない

ことに対する配慮が必要となる．そのためには，2.6.2 項でも解説したように，自分の作成したウェブページで以下のようなネットマナー違反をしていないか，普段から注意する習慣が必要である．

1）人種・性別・思想信条などに基づく差別的な発言を掲載する．

2）他人を誹謗中傷したり攻撃したりする発言を掲載する．

3）権利者（著作権者）の許諾を得ずに画像，音楽，動画やプログラムなどを掲載する．

4）他のウェブサイトや書籍などから，内容を運営者や著作者に無断で転載する．

5）他人の住所，電話番号，写真，音声などの個人情報や，関連情報を本人に無断で掲載する．

6）猥褻な文書，画像，動画などを掲載もしくは掲載しているサイトへリンクする．

7）仕事上，学習上で守秘義務が発生する事案について掲載する．

8）自身の個人情報や，関連情報を掲載する．

9.7 ホームページ作成のヒント

(1) **基本的な作成手順**　　HTMLとCSSではそれぞれ構文規則のほか，タグやプロパティの使用法が規定されており，定められた文法通り正しく記述する必要がある．すでに述べたようにValidator（バリデーター）サービス：

> https://whatwg.org/validator/
>
> https://jigsaw.w3.org/css-validator/

を使うと，自分の作成したウェブページが正しいやり方で書かれているか確認することが可能である．ある程度書いてから確認するとエラーが多くて収拾がつかなくなるので，はじめからこまめにチェックをする習慣をつけよう．また，本格的にウェブページの制作に取り組みたいときは，仕様書を手に入れ，Validatorを助けにしてHTMLとCSSを書いていくのがよい．

(2) **思い通りに表示されないとき**　　自分の思った通りに表示されない場合，一番多い原因はタグのタイプミスである．タグのスペルが間違っていないか，注意深く見直そう．タグは半角文字でないといけない．特にスペースが全角だと気づかないことが多いので，スペースにも注意しよう．

なお，何度チェックしても理由がわからないときは，思い切ってその部分を入力し直すのも有効な方法である．このときタグを自分でタイプしないで，タグエディタのタグ入力機能を活用すると，入力ミスの多くが防げる．

(3) **やりたいことを実現する方法がわからないとき**　　やりたいことをどうすればできるかわからないときは，次の方法が有効である．

- 教科書にやりたいことを実現するテクニックがないか，もう一度探してみる．
- 検索エンジンを使って，技法を記述したサイトを探してみる．ただし，大部分のサイトは個人が作ったものなので，間違いがある場合も珍しくないことは心に留めておくこと（2.6.3項参照）．
- HTMLの書き方を解説した本を買ってきて参考にする．特に書法を網羅したリファレンスマニュアルは，1冊持っているととても便利である．

10

コンピュータにおけるデータ表現

現代の PC は，数以外にも文字，画像，音声，動画など，さまざまな種類のデータを扱わなくてはならない．この章では，数や文字や画像をコンピュータの中でどう表現するか考えていくが，これはこれらの情報を 2 進数でどう表現するかという問題になる．整数の表現方法，負の数の表現方法，実数の表現方法，文字の表現方法から順に見ていく．

10.1　2進法

10.1.1　位取り記法

人間は数を数えたり計算をしたりするのに，普通 10 進数を使う．10 進数を表すのに，「百二十三」のように日本語の発音通り表記することもあるが，計算をする場合は，123 のように数字を並べて書く．この「数字の列」は 1 と 2 と 3 のことではなく，100 $(= 10^2)$ が 1 個，10 が 2 個，1 $(= 10^0)$ が 3 個，つまり，

$$123 = 1 \times 10^2 + 2 \times 10^1 + 3 \times 10^0$$

という意味である．

この数の表記法を**位取り記法**といい，「123」のひとつひとつの数字を**桁** (digit)，基本となっている 10 を**基数** (radix) と呼ぶ．それぞれの桁で数の大きさを表すのが「数字」で，10 進数の場合「0」「1」「2」「3」「4」「5」「6」「7」「8」「9」という 10 種類の数字を使う．この桁を利用した表記方法により，人間は大きな数を簡潔に表現できるようになるとともに，3 桁かける 3 桁の掛け算のような複雑な計算も筆算により簡単に行うことができるようになった．

10.1.2　2進法

桁を使って数を表すとき，基数が 10 である必然性はどこにもない．例えば，時間の場合，

2 時間 34 分 56 秒

を秒に直すと

$$2 \times 60^2 + 34 \times 60^1 + 56 \times 60^0 \quad (秒)$$

であり，この場合は 10 でなく 60 が基数となっている．このように，10 以外にも 5, 12, 20, 60 などの基数を使った数の表現方法も実生活の中で使われている．

基数を n とした場合の数体系（数をどう表現するかの約束）を n **進法**，n 進法の位取り表記を n **進数**と呼ぶ．人間が 10 進法を使うことが多いのは，指の数が両手合わせて 10 本であったことと関連が深いと思われる．複雑な計算の補助をする道具として日本には算盤（そろばん）があるが，人間が操作をすることから「10 進位取り記法」をもとに 10 進数の 1 桁を 5 の玉と 1 の玉の組み合わせで表している．

では，電卓やコンピュータの場合はどうであろうか．機械や電子回路を使って数を表現・操作する場合，10進法を使うことも不可能ではないが，「0」か「1」かの区別さえつければよい2進法の方が表現手段が多い上，演算処理の上でも回路が単純になり有利である．そこで，電卓やコンピュータの場合，その内部で情報を表現し，計算をするのに2進法を採用している．

2進数の1桁をbinary digitを縮めてビット（bit）と呼んでいる．なお，デジタルコンピュータで2進数のデータを扱う場合，1ビット単位は効率が悪いので8ビットまたはその整数倍を単位とすることが多い．8ビットのことをバイト（byte）と呼び，単位記号として「B」を使うことが多い．

演習 10.1

次の2進数を10進数に変換しなさい．
  (1) 00100011　　(2) 00111111　　(3) 01000000

10.1.3　2進と10進の変換

2進法の位取り記法で数を表すと，例えば2進法の「1101」は，

$$1101_{(2)} = 1 \times 2^3 + 1 \times 2^2 + 0 \times 2^1 + 1 \times 2^0 = 13_{(10)}$$

つまり，10進数の13ということになる．なお，「$_{(2)}$」は2進数の，「$_{(10)}$」は10進数の位取り表記であることを示す記号で，何進法の表記か混乱のおそれがあるときはこの表記法を使う．

また，小数の場合は次のようになる．

$$0.1101_{(2)} = 1 \times 2^{-1} + 1 \times 2^{-2} + 0 \times 2^{-3} + 1 \times 2^{-4} = 0.5 + 0.25 + 0 + 0.0625$$
$$= 0.8125_{(10)}$$

2進数を10進数に直す，つまり2進の位取り記法で表された数を10進の位取り表記に直すのは，定義に従って上式のように計算するだけである．では，10進法で表されている数を2進法で表すにはどうしたらよいであろうか．$13_{(10)}$ を例にとって考えてみると，

$$13_{(10)} = 8 + 4 + 0 + 1$$
$$= 1 \times 2^3 + 1 \times 2^2 + 0 \times 2^1 + 1 \times 2^0$$
$$= 2 \times (1 \times 2^2 + 1 \times 2^1 + 0) + 1$$

であるから，$13_{(10)}$ を2で割ったときの余り1が，2進法で $13_{(10)}$ を表記したときの一番右の桁である（つまり，奇数であれば一番右の桁は1，偶数なら0）．

同様にして，その商 $(1 \times 2^2 + 1 \times 2 + 0) = 6$ については，

$$6 = 1 \times 2^2 + 1 \times 2^1 + 0$$
$$= 2 \times (1 \times 2^1 + 2^0) + 0$$

なので，偶数なら右から2番目の桁は0，奇数なら1である．つまり，10進数を2進数に直すには2で繰り返し割っていき，余りを右から順に並べればよい．

筆算で計算する場合は，以下のように商がゼロになるまで2で割っていき，その余りを順

に右から並べればよい．この場合は，$13_{(10)} = 1101_{(2)}$ と変換できる．

$$
\begin{array}{r|l}
2) & 13 \\
\hline
& 6 \quad \cdots\cdots \quad 1
\end{array}
$$

$\downarrow$

$$
\begin{array}{r|l}
2) & 13 \\
\hline
2) & 6 \quad \cdots\cdots \quad 1 \\
\hline
& 3 \quad \cdots\cdots \quad 0
\end{array}
$$

$\downarrow$

$$
\begin{array}{r|l}
2) & 13 \\
\hline
2) & 6 \quad \cdots\cdots \quad 1 \\
\hline
2) & 3 \quad \cdots\cdots \quad 0 \\
\hline
& 1 \quad \cdots\cdots \quad 1
\end{array}
$$

$\downarrow$

$$
\begin{array}{r|l}
2) & 13 \\
\hline
2) & 6 \quad \cdots\cdots \quad 1 \\
\hline
2) & 3 \quad \cdots\cdots \quad 0 \\
\hline
2) & 1 \quad \cdots\cdots \quad 1 \\
\hline
& 0 \quad \cdots\cdots \quad 1
\end{array}
$$

演習 10.2

次の 10 進数を 2 進数に変換しなさい．

(1) 43　　(2) 55　　(3) 143

演習 10.3

次の 2 進小数を 10 進数で表しなさい．

(1) 0.1　　(2) 0.1111

演習 10.4

10 進数の 0.8 を 2 進小数で表しなさい．

10.1.4　大きな数の単位

コンピュータでは，メモリやハードディスクの大きさや CPU が動作する周波数を表すのに大きな数が必要になる．通常，大きな数を表すとき，

10^3　$\cdots$キロ（k）

10^6　$\cdots$メガ（M）

10^9　$\cdots$ギガ（G）

10^{12}　$\cdots$テラ（T）

10^{15}　$\cdots$ペタ（P）

という単位を使うが，2 進数で動くコンピュータでビットやバイトを単位とするときは，大きな数を表すときも「2 のべき乗」を基準にした方が都合がいい面がある．そこで，2^{10}（$= 1024$）が 10^3 に近いことからこれを K（キロ）とみなして，

$$1\,\mathrm{K} = 2^{10} = 1,024$$
$$1\,\mathrm{M} = 2^{20} = 1,048,576$$
$$1\,\mathrm{G} = 2^{30} = 1,073,741,824$$

という定義で使うことがよくある.

10.1.5 2進数を読む―8進数と16進数

2進法はコンピュータの中で数を扱うには便利であるが,2進数で表記をすると,例えば10進数の $1,000_{(10)}$ は

$$1111101000_{(2)}$$

となり,人間には直感的にわかりにくく,桁数が多いことで読み間違う可能性も高くなる.そこで,2進数の3桁ずつを束ねてみると,

$$1,111,101,000_{(2)} = 1 \times 2^9 + 7 \times 2^6 + 5 \times 2^3 + 0 \times 2^0$$
$$= 1 \times 8^3 + 7 \times 8^2 + 5 \times 8 + 0$$

となり,8進の位取り表記に簡単に変換でき,$1750_{(8)}$ となる.これだと桁数も少なくなり人間にも読みやすい.

さて,現在のコンピュータは1バイト(8ビット),つまり2進の8桁を単位としてデータを扱うことが多い.1バイトの2進数を4桁ずつ束ねて表記すれば,16進の位取り表記となる.例えば

$$1001,0101_{(2)} = 9 \times 2^4 + 5 \times 2^0 = 9 \times 16 + 5 \times 1$$

なので,16進では「95」である.このように16進数にすれば1バイトを2桁で表せて便利である.ところが,16進数の場合,16進数の1桁を表すのに16種類の数字が必要となる.そこで考えられたのがアルファベットのAからFまでを,10進数の10から15までの数を表す数字として用いる方法である.

この方法を使うと,以下のように2桁で表記できる.

$$1111,1101_{(2)} = 15_{(10)} \times 2^4 + 13_{(10)} \times 2^0$$
$$= 15_{(10)} \times 16_{(10)} + 13_{(10)} \times 2^0$$
$$= \mathrm{F}_{(16)} \times 16_{(10)} + \mathrm{D}_{(16)}$$
$$= \mathrm{FD}_{(16)}$$

16進数は,コンピュータ内で扱われているさまざまな2進数を人間が読み書きする場合によく使われている.表10.1に,10進数,2進数,8進数,16進数の対応を示す.

表 10.1 10進数,2進数,8進数,16進数の対応

10進数	2進数	8進数	16進数
0	0	0	0
1	1	1	1
2	10	2	2
3	11	3	3
4	100	4	4
5	101	5	5
6	110	6	6
7	111	7	7
8	1000	10	8
9	1001	11	9
10	1010	12	A
11	1011	13	B
12	1100	14	C
13	1101	15	D
14	1110	16	E
15	1111	17	F
16	10000	20	10

演習 10.5

次の2進数を16進数で表しなさい.

(1) 00101011　　(2) 00111111　　(3) 01000000

演習 10.6

次の 16 進数を 10 進数に変換せよ.

(1) 10　　　(2) 41　　　(3) A0　　　(4) FF

10.2　負の整数の表現方法─補数

コンピュータの中で 2 進数を使うとよいことはわかったが,負の数はどう表現すればよいのだろうか.紙に数を書くときと違って,マイナスの符号はコンピュータの中では使えない.あくまで,0 と 1 という 2 つの数字だけで何とかしなくてはならない.

議論をわかりやすくするために,1 つの整数を表現するのに 4 ビット,つまり 2 進数で 4 桁使う場合を考えてみる.このとき,2 進数で 4 桁なので $2^4 = 16$ 個の数が表せるが,正の数に半分,負の数に半分使うとする.仮に 0 を正の数に含めるとすると正の数としては表 10.2 の「正の数」で示した 8 個の数が扱えることになる.

このように 0 または正の整数をコンピュータの中で表すのは簡単だが,負の数を表す方法も必要である.単純に考えると,一番上のビットが 0 なら正,1 なら負を表す約束にすれば −1 から −7 までの数を表すことができる.例えば,7 は「0111」,−7 は「1111」で表す.下の 3 桁は正の数のときも負の数のときも絶対値であるから人間にもわかりやすい.このとき,一番上のビットは数ではなく正負の符号を表しているので,**符号ビット**(sign bit)と呼ぶ.

しかし,コンピュータの中で負の数を扱うにはもっとよい方法がある.ある数に対して,足し合わせると一定の数になる数を**補数**(complement)と呼んでいるが,補数を使うと負の数を簡単に表せる.例えば,合計の数が 2 進数の 1111 であれば,計算もとても簡単で表 10.2 の「1 の補数」のように 4 桁のそれぞれで 0 と 1 を逆にすればよい.そうすれば,ある「正の数」とその「1 の補数」を足すと「1111」になるからである.例えば,$5_{(10)} = 0101_{(2)}$ であれば,$-5_{(10)}$ は $5_{(10)}$ と足し合わせると $1111_{(2)}$ になる数 $1010_{(2)}$ とするのである.これが **1 の補数**(one's complement)である.さらに,1 の補数に 1 を足すと,足し合わせると $10000_{(2)} = 16_{(10)}$ になる数ができるが,これを **2 の補数**(two's complement)と呼ぶ.

負の数を 2 の補数で表すと,引き算が次のように足し算で計算できる:

$$5 - 2 \Rightarrow 5 + (-2 \text{ に対する 2 の補数}) = 5 + (16 - 2) = 16 + 3 = [1]0011_{(2)}$$
$$\Leftrightarrow 3$$

$$2 - 5 \Rightarrow 2 + (-5 \text{ に対する 2 の補数}) = 2 + (16 - 5) = 16 - 3 = 1101_{(2)}$$
$$\Leftrightarrow 3 \text{ に対する 2 の補数}$$

答が正になる場合は,はじめの式の計算過程をみるとわかるように 2 進 5 桁目の繰り上がりを取れば普通の 2 進数の表記,答が負になる場合はそのままで 2 の補数による表現になっており,引き算が補数を使った足し算で計算できることがわかる.

このように補数を使えば,引き算を足し算に置き換えて計算できるので,後述する演算の回路の設計にあたっても加算回路だけ作っておけば加減算が可能となり,回路の設計の上からも有利である.そのため,コンピュータの中では負の整数を表すのに補数を用いている.

一般に,2 進 n 桁の場合は整数 $x \, (\geqq 0)$ に対して,

$$2^n - x$$

を x に対する2の補数,

$$(2^n - 1) - x$$

を x に対する1の補数と呼ぶ. 2進8桁であれば, 2の補数の場合, -128 から 127 の範囲の数を表せる.

さて, 以上は整数をコンピュータの中で表現するための原理であるが, 実際はどうなっているのであろうか. ある原理をコンピュータに組み込んで実際に使えるようにすることを「実装」という. 整数に関しては, たいていのコンピュータが8ビット, 16ビット, 32ビットで整数を表す機能とそれを演算する回路(演算回路という)を実装している. 表10.3は, 1つの整数を表すのに使用するビット数(これを「ビット長」という)ごとの表現できる数の範囲である.

表 10.2 2 の補数と 1 の補数

10 進表記	正の数	10 進表記	1 の補数	2 の補数
0	0000	−1	1110	1111
1	0001	−2	1101	1110
2	0010	−3	1100	1101
3	0011	−4	1011	1100
4	0100	−5	1010	1011
5	0101	−6	1001	1010
6	0110	−7	1000	1001
7	0111			

表 10.3 ビット長と表現可能な整数の範囲の関係

長さ	表現可能な範囲	
	整数のとき	0 または自然数のとき
8 ビット	−128〜127	0〜255
16 ビット	−32,768〜32,767	0〜65,535
32 ビット	−2,147,483,648〜2,147,483,647	0〜4,294,967,295

10.3 実数の表現方法─固定小数点表示と浮動小数点表示

実数をコンピュータの中で表現するには, 小数をどのように扱うかを決めなくてはならない. これには, 固定小数点表示と浮動小数点表示という2つの方法がある. 話をわかりやすくするために10進8桁で実数値を表す場合を考えてみよう. 実数の正負も実際は補数で表すが, ここでは正負の符号も10進1桁を使うとしておく. 例として,

$$x = 1234$$

$$y = 0.09876$$

の2つの数を表す場合を考えてみる.

10.3.1 固定小数点表示

固定小数点表示(fixed-point representation)は, 8桁のどこに小数点を置くかをあらかじめ決めておく素朴な方法である. 最上位の桁は正負の符号に使うことにすると, -1234 を表現

するには，小数点は左から 5 桁目より右側になければならない．そこで，小数点の位置を左から 5 桁目と 6 桁目の間に置くことにすると，

$$x = -1230 \quad \Rightarrow \quad \boxed{-\ |\ 1\ |\ 2\ |\ 3\ |\ 4\ |\ 0\ |\ 0\ |\ 0}$$
$$\uparrow$$

$$x = -0.09876 \quad \Rightarrow \quad \boxed{+\ |\ 0\ |\ 0\ |\ 0\ |\ 0\ |\ 0\ |\ 9\ |\ 8}$$
$$\uparrow$$

となる．つまり，桁数に限りがあるために，y は上 2 桁までしか表示できず精度が低下してしまう．

上から何桁目までが本当の数と合っているかを有効桁というが，絶対値の小さな数では有効桁が極端に少なくなってしまう．例えば，0.0000987 は小さすぎて 0 と同じにしか表現できない．これをアンダーフローといい，計算を行う上で致命的になることがある．また，この場合は −9999.999〜9999.999 の範囲の数を表せるが，計算結果の絶対値が 10000 を超えると結果を表せなくなる．これをオーバーフローという．

しかし，このような制限はあるが，次に述べる浮動小数点演算より高速に演算処理ができるという利点があり，信号処理や画像処理専用の演算装置で使われている．

10.3.2 浮動小数点表示

浮動小数点表示（floating-point representation）では，表したい数を，$a \times R^b$ の形に変換して，**仮数**（mantissa）a と**指数**（exponent）b の組み合わせで表現する．わかりやすくするために，$R = 10$ としてみる．また，表現方法を 1 通りに決めるために，仮数 a は 0.1 以上 1 未満の数となるように調整することにする（これを正規化という．なおゼロは正規化では表現できないためすべての桁が 0 の数で表す）．説明を簡潔にするために正負は符号ビットを使って表し，正負も含めて仮数に 5 桁，指数（整数）に 3 桁使うことにすれば，$x = -1234$，$y = 0.09876$ の場合，

$$x = -0.1234 \times 10^4$$
$$y = +0.9876 \times 10^{-1}$$

だから

$$x = -1234 \quad \Rightarrow \quad \boxed{-\ |\ 1\ |\ 2\ |\ 3\ |\ 4\ |\ +\ |\ 0\ |\ 4}$$

$$x = -0.09876 \quad \Rightarrow \quad \boxed{+\ |\ 9\ |\ 8\ |\ 7\ |\ 6\ |\ -\ |\ 0\ |\ 1}$$

と表せばよいことになる．

この方法だと，絶対値で 0.1000×10^{-99} から 0.9999×10^{99} までの広い範囲の数を，常に有効桁 4 桁で表せることになる．したがって，固定小数点表示のときよりオーバーフローやアンダーフローがはるかに起こりにくくなり，計算精度の上からも有利である．

しかし，仮数と指数という 2 つの数を処理しなくてはいけないので演算処理に時間がかかるという問題がある．そこで，汎用の CPU は浮動小数点演算専用の回路を備えていることが多い．また，精度については，多くの CPU は IEEE（アイトリプルイー：Institute of Electrical and Electronics Engineers）の制定した IEEE-754 という浮動小数点演算規格をサポートしてい

る．1つの浮動小数点数を表すのに，32ビット（4バイト）を使う「単精度」や64ビット（8バイト）を使う「倍精度」があり，それぞれの符号・仮数・指数のビット数（ビット長），表せる数の範囲，10進で表した精度は表10.4のようになっている[*1]．

表10.4 浮動小数点表示のビット数とおよその精度（IEEE-754）

	ビット数				精度	
	仮数の符号	仮数	指数	計	範囲	有効桁
単精度	1	23	8	32	$10^{-38} \sim 10^{38}$	約7桁
倍精度	1	52	11	64	$10^{-308} \sim 10^{308}$	約16桁

10.4 文字の表現方法

コンピュータの中では，数だけでなく文字も扱う．2進数しか使えないので，文字と2進数の対応の約束をあらかじめ決めて，その約束に沿って文字を表現することになる．7ビットの場合，$2^7 = 128$なので128個の2進数を表現でき，それぞれの2進数に文字を1つ対応させれば，128種類の文字まで表現できる．8ビットなら256種類である．このように，文字を2進数で表す規則を**文字コード**（character code）と呼んでいる．また，この節では特定の文字を2進数で表したものも文字コードまたは単にコードと呼ぶことにする．

英数字と少数の記号だけですむ英語圏の文字などでは，7ビットまたは8ビットで十分である．これに対して，日本語の場合は，ひらがな，カタカナの他に，多くの漢字があり，これらの文字を表現するためにはビット数を増やす必要がある．そこで，ビット数を増やした日本語漢字コードを1つ決めておけばよさそうであるが，実状は少々複雑な上，用語にも混乱がある．

ウェブページを閲覧したり電子メールを読もうとしたりしたときに，正しく表示されず内容が読めないことがときおりある．これは，ウェブブラウザや電子メールソフトが，送られてきた文書

図10.1 ウェブブラウザの文字コード選択メニューの例

の文字コードを正しく変換できなかったことが原因であることが多いが，この問題を解決できるようになるためにも文字コードの知識は不可欠である．

図10.1はウェブブラウザで，文字コードの指定をするメニューである．「Unicode (UTF-8)」「日本語 (Shift_JIS)」「日本語 (EUC-JP)」「日本語 (ISO-2022-JP)」「Unicode (UTF-16LE)」といった用語が見える．文字の表現方法は複雑なため，すべてに精通しておく必要はないが，文字の表現方法の基本的な原理は理解しておきたい．そこで以下では，まず7ビットと8ビットの代表的な文字コードについて説明した後，日本語の文字のコード化の方法について解説す

[*1] 負の数の実装方法として，符号ビットを用いる方法と補数を用いる方法を紹介したが，その他に例えば8ビットを使う場合であれば，$-128 \sim 127$を表すのに128を足して$0 \sim 255$にずらすという方法もあり，指数の実装方法の原理として使われている．

る．読み終えたときに図 10.1 の上から 4 つの用語について理解できていることがこの節の目標である．なお，以下の説明では文字コードは 16 進数で表す．

a．ASCII

ASCII（アスキー：American Standard Code for Information Interchange）は，米国規格協会（ANSI）が 1963 年に制定した英数字と記号を含んだ 7 ビットの文字コードで，世界中で広く使われている．

表 10.5 は ASCII コードの一覧である．キーボードで文字を入力する際は，「A」「B」「C」のような普通の文字だけでなく改行キー［Enter］やタブキー［TAB］，BackSpace キー［Backspace］など，「操作」に対応するキーも入力する．コンピュータの中ではこれらの操作にも文字コードを割り当てて文字の 1 つとして扱い，画面に文字として表示される普通の文字（図形文字と呼ぶ）と区別して制御文字と呼んでいる．

ASCII では 128 種類の文字を表すことができ，表では灰色で網掛けした 16 進数でいうと 00〜1F に LF, CR, BS, ESC のような制御文字を割り当てている．また，それ以降は，20 にスペースを，21〜7E に 94 種類の印刷可能な普通の文字（図形文字）を割り当てている．また，$(7F)_{(16)} = (1111111)_{(2)}$ は，紙テープ（穴があいていれば 1 を表す）の時代に削除の際に 7 ビットすべてに穴を開けたなごりで，今でも削除を表す制御文字「DEL」となっている．

b．ISO-8859

図 10.1 の一番下の「ISO-8859」は，主にヨーロッパ諸国やアラビア語圏の文字が扱えるように，上記の ASCII を 8 ビットに拡張して 256 文字を表せるようにした文字コードである．ISO-8859 には，ISO-8859-1 から ISO-8859-16 まで，15 種類（ISO-8859-12 は欠番）の規格がある．

c．符号化文字集合とエンコーディング方式

日本語の文字のコード化については，初期の頃から，符号化文字集合（文字集合ということもある）とエンコーディング方式に分けて考える方法が使われている．符号化文字集合とは字の通り，ある種の文字の集まりを決めて（character repertoire という），その各文字に番号を付けたもので，日本で使われているものとしては以下のような規格がある．

> ASCII
> JIS X 0201　いわゆる半角英数字，半角カタカナ
> JIS X 0208　いわゆる全角の文字
> JIS X 0212　補助漢字

コンピュータで日本語を使う場合，これらの文字を組み合わせて使うことになる．文字の番号は文字集合間で重なることがあるため，文字の番号を単純に 2 進数にしただけでは文字コードとして使えない．ここが，ASCII や ISO-8859 との大きな違いである．また，ASCII の制御文字に対応するコード（表 10.5 の 00〜1F と 7F）を普通の文字のコードとして使用すると不都合が起こることがある．

つまり，ひらがなや漢字にはそれぞれ JIS で番号が定められているが，そのまま 2 進数にしただけではコンピュータで使うことはできない．どの文字集合の何番目の文字か識別できるように変換する「規則」が別に必要となる．このための規格をエンコーディング方式または文字符号化方式（character encoding scheme：CES）といい，次のようなものがある．

表 10.5 ASCII コード表

16 進数	10 進数	文字	16 進数	10 進数	文字	16 進数	10 進数	文字
00	0	NUL	2B	43	+	56	86	V
01	1	SOH	2C	44	,	57	87	W
02	2	STX	2D	45	-	58	88	X
03	3	ETX	2E	46	.	59	89	Y
04	4	EOT	2F	47	/	5A	90	Z
05	5	ENQ	30	48	0	5B	91	[
06	6	ACK	31	49	1	5C	92	¥¥
07	7	BEL	32	50	2	5D	93	]
08	8	BS	33	51	3	5E	94	^
09	9	HT	34	52	4	5F	95	_
0A	10	LF	35	53	5	60	96	`
0B	11	VT	36	54	6	61	97	a
0C	12	FF	37	55	7	62	98	b
0D	13	CR	38	56	8	63	99	c
0E	14	SO	39	57	9	64	100	d
0F	15	SI	3A	58	:	65	101	e
10	16	DLE	3B	59	;	66	102	f
11	17	DC1	3C	60	<	67	103	g
12	18	DC2	3D	61	=	68	104	h
13	19	DC3	3E	62	>	69	105	i
14	20	DC4	3F	63	?	6A	106	j
15	21	NAK	40	64	@	6B	107	k
16	22	SYN	41	65	A	6C	108	l
17	23	ETB	42	66	B	6D	109	m
18	24	CAN	43	67	C	6E	110	n
19	25	EM	44	68	D	6F	111	o
1A	26	SUB	45	69	E	70	112	p
1B	27	ESC	46	70	F	71	113	q
1C	28	FS	47	71	G	72	114	r
1D	29	GS	48	72	H	73	115	s
1E	30	RS	49	73	I	74	116	t
1F	31	US	4A	74	J	75	117	u
20	32	SP	4B	75	K	76	118	v
21	33	!	4C	76	L	77	119	w
22	34	"	4D	77	M	78	120	x
23	35	#	4E	78	N	79	121	y
24	36	$	4F	79	O	7A	122	z
25	37	%	50	80	P	7B	123	{
26	38	&	51	81	Q	7C	124	|
27	39	'	52	82	R	7D	125	}
28	40	(	53	83	S	7E	126	~
29	41	)	54	84	T	7F	127	DEL
2A	42	*	55	85	U			

ISO-2022-JP（JIS）

Shift_JIS（シフトJIS）

EUC-JP

例えば，このページの文章で使っているひらがなや漢字に対して，これらのエンコーディング方式がそれぞれ対応するコードの表を持っているわけではない（一覧表を作ることは可能だが）．いずれも，ひらがなや漢字に対する番号は符号化文字集合 JIS X 0208（いわゆる JIS 漢字コード）の文字番号を使っている．ただ，その番号を実際に 2 進数に直すときの方法が異なり，上の呼称はいずれもそれぞれの変換方式（エンコーディング方式）に対する名前である．

なお，すでに述べたように ASCII や ISO-8859 しか必要ない欧米圏では，文字の番号と実際の文字コードは同じもので済むので，文字集合とエンコーディングを分けて考える必要はない．

d. JIS X 0201

正式名称は「7 ビット及び 8 ビットの情報交換用符号化文字集合」，いわゆる**半角カタカナ**や半角英数字である．日本語用に最初に使われた文字集合で，7 ビットでは日本語を入れる余裕がないので，ASCII を 8 ビットに拡張してカタカナを表せるようにしたものである．

e. JIS X 0208（JIS 漢字コード）

JIS X 0208 はいわゆる JIS 漢字コードで，漢字，ひらがな，カタカナ，英数字，記号など 6879 字が含まれている．うち，漢字は常用漢字を含めた 2965 種類の漢字を**第 1 水準**，それ以外の 3390 種類の漢字を**第 2 水準**と呼んでいる．

各文字には，区番号と点番号がつけられており，合わせて**区点番号**といい，10 進 4 桁の数字で表す．例えば，「亜」の区番号は $16_{(10)}$，点番号は 1 であり，区点番号は 1601 となる．

区点番号の他に，単独の使用の際にそのままコードとして使えるよう，区番号と点番号にそれぞれ $32_{(10)}$ を足した数字を 16 進 4 桁で表したものも併記されており，こちらは **16 進コード**と呼んでいる．

「亜」の場合は，上 2 桁が

$$\underline{16}_{(10)} + 32_{(10)} = 48_{(10)} = \underline{30}_{(16)}$$

下の桁が

$$\underline{01}_{(10)} + 32_{(10)} = 33_{(10)} = \underline{21}_{(16)}$$

なので $3021_{(16)}$ となる．

なお，漢和辞典では右の図のように JIS X 0208 の区点番号や 16 進コードの他，最近は後述の Unicode の文字番号（符号位置という）が併記されていることが多い．

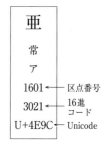

f. ISO-2022-JP

JIS コードと呼ばれることもある．ISO-2022 という国際規格に準拠した，以下の文字集合を混在できる 7 ビットのエンコーディング方式である．

ASCII

JIS X 0201 のうち 7 ビットの文字（半角カタカナは 8 ビットなので除く）

JIS X 0208

どの文字集合の文字なのか区別するために，文字集合の種類が変わるところで区切りを表す特別の文字をはさむ．この切り替えは，$1B_{(16)}$（ASCII の ESC）の後に文字集合を指定する 2 バイトの文字をつけて行う．例えば，ここから新 JIS の文字が始まるときは ESC のあとに ASCII の「$B」を続けて指定する．この方法をエスケープシーケンス（escape sequence）と呼んでいる．

表 10.6 はその代表的な例である．この方法により，文字コードの列を最初からたどっていけば，どの文字集合のどの文字に対するコードであるか判定することができる．例えば，「字ABC」という文字列の場合，「字」の JIS X 0208 の 16 進コードは「3B 7A」，A,B,C の ASCIIコードは「41」「42」「43」なので，「字 ABC」を ISO-2022-JP でエンコードすると，

ESC $ B 字 ESC（B A B C

16 進で表すと，

1B 24 42 3B 7A 1B 28 42 41 42 43

となる．

ISO-2022-JP は，各バイトの最高桁が 0 となる 7 ビット文字コードで，電子メールなどコンピュータ間のデータ交換に広く使われているが，半角カタカナは使えないことに注意する必要がある．

表 10.6 ISO-2022-JP のエスケープシーケンスの例

文字集合	シーケンス	16 進表記
ASCII	ESC (B	1B 28 42
JIS X 0201（半角カナは除く）	ESC (J	1B 28 4A
JIS X 0208-1978（旧 JIS）	ESC $ @	1B 24 40
JIS X 0208-1983（新 JIS）	ESC $ B	1B 24 42

g. Shift_JIS（シフト JIS）

PC で日本語を取り扱うために 1982 年に民間会社が共同提案したエンコーディング方式で，長い間 PC で日本語を表すのに使われていたが，次第に後述の Unicode に移行しつつある．

JIS X 0201　いわゆる半角英数字，半角カタカナ

JIS X 0208　いわゆる全角の文字

を，前者は 1 バイトで，後者は 2 バイトで表す．前者は文字の番号をそのまま 2 進の文字コードとしている．後者は，元の 16 進表示だと前者と区別がつかなくなるので，第 1 バイト目は前者で使っていないところを当て，第 2 バイトも複雑にずらして，両者が混在できるよう工夫している．全角の文字の番号を複雑にずらして 2 進の文字コードにすることから「シフト」JIS と呼ばれる．

h. EUC-JP

EUC（Extended UNIX Code）は，UNIX で多言語に対応するために制定されたエンコーディング方式で，ISO-2022-JP と同じように ISO-2022 に準拠している．日本語版は EUC-JP と呼ばれ，以下の文字集合をサポートしている．

ASCII

JIS X 0201	いわゆる半角英数字，半角カタカナ
JIS X 0208	いわゆる全角の文字
JIS X 0212	補助漢字

i. UCS と Unicode

UCS（Universal Coded Character Set; 別名 ISO/IEC 10646）と Unicode は，ともに世界中の文字を1つの文字集合で表現することを目指した，符号化文字集合と文字符号化方式（エンコーディング方式）の規格で両者は互換性が高い．前者は，ISO（国際標準化機構）と IEC（国際電気標準会議）が共同で制定したもので，日本では JIS X 0221（国際符号化文字集合（UCS））として規格化されている．Unicode はコンピュータ関連の企業が集まって設立した Unicode Consortium が推進している規格である．両者共通のエンコーディング方式として UTF-8, UTF-16, UTF-32 の3つがある．

このように形の上では2種類の異なる規格，そして目的に合わせていくつかのエンコーディング方式があるが，UCS と Unicode は密接な連携を保って制定が進められており，Unicode は UCS のサブセットと考えてほぼ差し支えない．Windows や MacOS, Java, XML では Unicode を標準の文字セットとするなど，PC での実装や規格での採用が進んでいる．

j. 機種依存文字

JIS X 0208 には未定義の番号が残っており，ここに Windows や Mac では，それぞれ独自に図形文字を定義して使っており，これを**機種依存文字**と呼んでいる．この問題は，フォントの統一や Unicode の普及で解決しつつあるが，標準ではない文字を使用すると自分が書いた通りに相手に見えないことがあることには注意しなければならない．

k. 半角カタカナ

電子メールを送る際は，最近は Unicode（UTF-8）の利用も進んでいるが，7ビット文字コードである ISO-2022-JP でコード化することが多い．ISO-2022-JP は電子メールの転送のプロトコル（規格のこと）である SMTP が7ビットしかサポートしてない背景のもとで登場した経緯があり，JIS X 0201 のいわゆる**半角カタカナ**の使用を禁じている．

ところが，PC では JIS X 0201 の半角カタカナを使うことがある．電子メールの送信に際しては，メーラ（電子メールの管理ソフト）が文字コードを自動的に変換して送るが，中には JIS X 0201 の8ビットの半角カタカナもそのまま送るメーラもある．このとき，受け手によっては半角カタカナが読めなかったり文字化けしたりすることがあるので，電子メールでメッセージを送る場合は半角カタカナを使わないのが古くからのルールである．なお，Unicode を使用している場合は半角カタカナを使っても問題ない．

文字を2進数に符号化する代表的な方法を概観したので，ここであらためて図 10.1 を見ると，最初に記述してあるのは言語または文字集合の名前，そして括弧の中はそれに対するエンコーディング方式であることが理解できるはずである．なお，図 9.2 では「charset="UTF-8"」という表現が使われていたが，すでに説明したように「UTF-8」は文字集合の名前ではなく Unicode/UCS の符号化方式の名称である．文字のコード化については，この例の「charset」のように用語や用法が紛らわしいことがあるので注意が必要である．

10.5 画像，音声の表現方法

　ここまで，数と文字を2進数を使ってどう表現するかをみてきた．この他にコンピュータは画像や音声なども扱う．まず，ディスプレイに写す画像をどう表現すればよいか考えてみる．

　ディスプレイに写す画像は，縦横等間隔の画素と呼ばれる小さな点が集まってできている．1つ1つの点を，画素の英語 picture element を略して pixel と呼ぶ（dot ということもある）．1つの pixel は，光の3原色である赤，緑，青の点からできているので（虫メガネでディスプレイを覗いてみるとよくわかる．この3点のそれぞれを dot と呼ぶこともある），色は3原色の明るさの組み合わせで表す．それぞれの原色に8ビットずつ割り当て，各原色を256階調で表せば，計24ビットで $256^3 = 16,777,216$ 色を表せることになり，人間が識別できる以上の十分な数の色を表示することができる．これをトゥルーカラー（True Color）と呼んでいる．

　トゥルーカラーの色情報は，赤，緑，青の明るさの順に16進表示で表すことが多く，16進表示と色の対応は，例えば表 10.7 のようになる．1点に3バイトを使うと1枚の画像ファイルの大きさが膨大になるので，通常は圧縮を行う．圧縮した画像を元の画像に完全に戻せる場合を可逆，そうではない場合を非可逆と呼ぶ．

　音の情報の場合も，音の大きさを2進数で表して，一定時間刻みで並べればよいが，全体のデータ量を減らすためにいろいろな規格がある．

表 10.7 色（True Color）の16進表示の例

000000	黒	FFFF00	黄
FF0000	赤	FF00FF	紫
00FF00	緑	00FFFF	水色
0000FF	青	FFFFFF	白

表 10.8 画像と音声の代表的な規格

種類	規格	特徴
画像	BMP	・Windows で標準の画像形式，通常，圧縮をしないのでファイルサイズは大きくなる．
	JPEG	・Joint Photographic Experts Group の略． ・トゥルーカラーを扱うことができる． ・圧縮を行うが，元の画像に完全に戻すことはできない（非可逆）． ・写真の保存に向いており，デジタルカメラのファイル保存形式として使われている．
	GIF	・Graphics Interchange Format の略． ・最大8ビットを使って256色まで表すことができる．可逆圧縮を行う． ・イラストやアイコン，ボタンなどに向いている． ・パラパラ漫画のような動画を作ることもできる（animation GIF）．
	PNG	・Portable Network Graphics の略． ・トゥルーカラーも256色も扱うことができる． ・可逆圧縮を行うことができる．
	TIFF	・Tagged Image File Format の略． ・画像だけでなく，画素のビット長や解像度や圧縮方式などの情報をファイルに記述する． ・異なるシステムやアプリケーション間での画像交換に適しており，広く利用されている．
音声	WAV	・Windows 用の代表的な音声のファイル形式． ・非圧縮なので音質は原音の通りだが，ファイルサイズは大きめになる．
	MP3	・MPEG Audio Layer 3 の略． ・音声の代表的なファイル形式で，非可逆の圧縮方式． ・圧縮率がよいので，デジタル音楽プレーヤなどで広く用いられている．
	MIDI	・Music Instrument Digital Interface の略． ・音そのものではなく，音程，長さ，強さ，音色などの音楽演奏データの標準規格． ・再生には別途，音源が必要である．

10.6 論理演算と 2 進数の計算 129

表 10.8 は画像と音声，いわゆるマルチメディアの代表的な規格である．いずれも，ふだん
よく目にするものばかりなので名前と特徴を覚えておきたい．

10.6 論理演算と 2 進数の計算

ここまで，数，文字，画像などさまざまな情報を 2 進数でどう表現するかという問題をみ
てきた．コンピュータの目的は情報処理であるから，次に，2 進数で表した情報を実際に処
理する方法を考えてみよう．

コンピュータにおける情報処理の一番下位の処理対象は，0 か 1 かの 1 ビットの情報であ
る．2 進数の 1 ビットは，2 値という点で，論理学で 2 つの状態，真（true）か偽（false）か
を扱う場合に類似している．実際，論理学の理論は，2 進数の演算をする回路を設計するの
に直接役立つ．

このため，0 か 1 かの 2 値の状態を扱う回路のことを論理回路と呼んでいる（デジタル回路
ともいう）．論理回路は大きく，組み合わせ回路と順序回路に分けられる．2 進数の足し算を
する回路のように，入力の組み合わせで出力が決まるものを組み合わせ回路といい，2 ビッ
ト（または 1 ビット）を入力として 1 ビットの出力をする AND，OR，NOT などの論理素子
（後述）を組み合わせて作ることができる．

これに対して，カウンター（数をかぞえる仕掛け）を実現する場合には，これまでの値を記
憶しておいて，演算に際しては記憶していた値と入力側からの値の組み合わせで出力を決め
る必要がある．このような回路を順序回路といい，その設計には論理素子だけでなく 1 ビッ
トの情報を保持できる記憶素子が必要となる．

以下では，組み合わせ回路の基本を解説する．

10.6.1 命題論理と組み合わせ論理

真か偽かのどちらかに決まる「主張」を命題といい，命題を扱う論理学を命題論理という．
例えば，

$$P = \{1234 \text{ は 3 で割り切れる}\}$$

は命題であり，1234 は 3 で割り切れないので，その「値」は，

$$P = 偽$$

となる．命題論理の真と偽を数字の 1 と 0 に置き換えたものを組み合わせ論理というが，値
が数になったので代数として扱うこともできる．実際，組み合わせ論理はブール代数と呼ば
れる代数の理論の最も単純な場合となっており，その理論は組み合わせ回路の設計に直接利
用することができる．

さて，ある命題 P の否定を $\neg P$ と表記し，not P と読む．ここで，真を 1，偽を 0 で表す
と，P の否定 $\neg P$ は，以下の表で定義できる．これを真理値表（truth table）と呼ぶ．

命題論理の理論では，どんな論理式も否定，論理積，論理
和（それぞれ NOT，AND，OR と表記することもある）の 3
個の演算子の組み合わせで表せることが知られている．AND
は「$X \wedge Y$」または「$X \cdot Y$」と表し，X と Y がともに 1 の

P	$\neg P$
0	1
1	0

ときだけ1に，それ以外では0になる．ORは「$X \vee Y$」または「$X + Y$」と表し，XとYのどちらかが1であれば1に，どちらも0のときは0になる．NOTは「$\neg X$」または「$\overline{X}$」のように表し，Xが0なら値は1，逆にXが0なら値は1になる．

以上の他に，NAND，NOR，XORという演算子もよく使われる．表10.9にそれぞれの定義を記した．

表10.9 代表的な論理演算子の真理値表

入力		出力				
		AND	OR	NAND	NOR	XOR
X	Y	$X \cdot Y$	$X+Y$	$\overline{X \cdot Y}$	$\overline{X+Y}$	
0	0	0	0	1	1	0
0	1	0	1	1	0	1
1	0	0	1	1	0	1
1	1	1	1	0	0	0

10.6.2 論理素子（ゲート）

組み合わせ論理の1と0を電圧の高低に対応させたときに，上記の演算子と同じ働きをする回路をトランジスタを組み合わせて作ることができ，これを**論理素子**と呼んでいる．図10.2に，論理素子の慣用的な図記号を示す（正式な図記号はJIS C 0617で定義されている）．

NOT回路，AND回路，OR回路は，否定，論理積，論理和の演算を実現したものである．XORは排他的論理和（exclusive or）といい，XかYのどちらかが1，もうひとつが0のとき1に，どちらも1もしくはどちらも0のとき0になる．EORとかEXORと書くこともある（X $\oplus$ Yと表記することもある）．NAND，NORはそれぞれ，ANDとORの否定である．NANDとNORは，ともにその演算子だけを組み合わせることですべての論理式を表すことができる特別な演算子である．

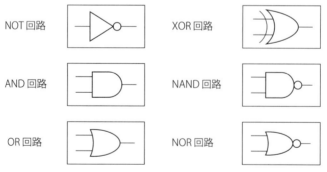

図10.2 論理素子（ゲート）の名前と慣用的な記号

論理素子を実際につないでみると，論理素子は入力の値によって出力がどうなるかという，条件によって開閉が決まる門のような働きをしているとみることもできるので，ゲートとも呼ばれている．実際に，図10.2にあげた論理素子を（たいていは同じものを数個または1個）組み込んだCMOS（complementary metal-oxide-semiconductor）やTTL（transistor-transistor logic）と呼ばれる方式の論理集積回路が販売されており，論理回路を自分で作るのに利用することができる．

10.6.3 2進1桁の加算

組み合わせ論理を使って，2進1桁の足し算をするにはどうすればよいか考えてみよう．いま，x, y をそれぞれ2進1桁の数とし，その和を2進数で表したとき1番右の桁を s，2番目の桁を c とする．s は sum（和），c は carry（繰り上がり）の最初の文字である．x と y の組み合わせは4通りであり，計算結果は以下のようになる．

$$
\begin{array}{c|cccc}
x & 0 & 0 & 1 & 1 \\
y & 0 & 1 & 0 & 1 \\
\hline
c\ s & 0\ 0 & 0\ 1 & 0\ 1 & 1\ 0
\end{array}
$$

この関係を真理値表で書くと図10.3左の表のようになる．

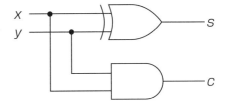

x	y	c	s
0	0	0	0
0	1	0	1
1	0	0	1
1	1	1	0

図 10.3 半加算器の真理値表と論理回路

この表を元に，c, s を論理式で書くと，

$$c = x \text{ AND } y$$
$$s = x \text{ XOR } y$$

となる．2進1桁の数の加算を実際に行わせるには，x, y を入力信号としたときに出力信号 c, s が上の論理式に沿って決まるような回路を作ればよいので，AND ゲートと XOR ゲートを使って図10.3右のような回路を作ればよい．この回路を**半加算器**（half adder）と呼んでいる．

10.6.4 演算回路の設計

では，2進8桁の数の加算をする回路はどうであろうか．1桁目は，半加算器を使えばよい．2桁目以降は，それぞれの桁の他に下の桁からの繰り上がりも足さなくてはいけないので，3入力2出力の回路が必要だが設計の考え方は同じである．この回路は**全加算器**（full adder）と呼ばれている．半加算器を1個，全加算器を7個並べてつなげば，2進8桁の加算をする回路ができ上がる．

コンピュータの中ではこのようにして，トランジスタを使ったゲートを組み合わせて，各種の演算をする回路を実現している．

10.6.5 論理式の演算

論理演算の問題を考えるときの代表的な解法は次の3通りである：

①論理式の変形　　②真理値表を作る　　③ベン図で考える

論理演算の問題は，論理式を満たすものの集合で考えるとわかりやすくなる．例えば，$X =$「下宿学生」，$Y =$「自転車通学生」，$Z =$「男子学生」とすれば，

$$X \cdot Y = \text{「下宿学生でかつ自転車通学をしている学生」}$$

となる．これを図で表したものがベン図である．ベン図では，論理和と論理積を図 10.4 のように灰色の部分で表すことができる．さらに，例えば $(X+Y)\cdot Z$ であれば

$$(X+Y)\cdot Z \Leftrightarrow \text{「下宿学生または自転車通学生」でかつ「男子学生」}$$

と考えることができる．これを図示すると一番右の図のようになる．また，

$$X\cdot Z + Y\cdot Z \Leftrightarrow \text{「下宿学生でかつ男子学生」または「自転車通学生でかつ男子学生」}$$

と考えて図示すると，先ほどと同じ図になるので，2つの論理式が等しいことが確認できる．このように，ベン図を使うとある論理式が別の論理式と等しいかどうかなどを視覚的な手段で判定することができる．

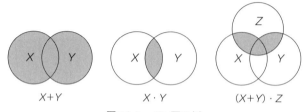

図 **10.4** ベン図の例

論理式を代数的に変形するときは，以下の (1)〜(7) の計算法則が有用である．特に (7) のド・モルガンの公式は否定を含む論理式を変形するときに大変に便利なので，ぜひ使いこなせるようにしておきたい．いずれも，

　①左辺と右辺の式の意味を考える
　②左辺と右辺の真理値表を作って比較する
　③左辺と右辺をベン図で表す

ことにより，式が成立することを容易に確認することができる．

(1) 交換則　　$x+y = y+x$
　　　　　　　$x\cdot y = y\cdot x$
(2) 結合則　　$(x+y)+z = x+(y+z)$
　　　　　　　$(x\cdot y)\cdot z = x\cdot(y\cdot z)$
(3) 分配則　　$x+(y\cdot z) = (x+y)\cdot(x+z)$
　　　　　　　$x\cdot(y+z) = (x\cdot y)+(x\cdot z)$
(4) べき等則　$x+x = x$
　　　　　　　$x\cdot x = x$
(5) 吸収則　　$x+(x\cdot y) = x$
　　　　　　　$x\cdot(x+y) = x$
(6) 相補則　　$x+\overline{x} = 1$
　　　　　　　$x\cdot\overline{x} = 0$
(7) ド・モルガンの公式
　　　　　　　$\overline{x+y} = \overline{x}\cdot\overline{y}$
　　　　　　　$\overline{x\cdot y} = \overline{x}+\overline{y}$

演習 10.7

ド・モルガンの公式を真理値表を用いて証明せよ．

演習 10.8

ド・モルガンの公式をベン図を用いて証明せよ．

11

プログラミング入門

11.1 はじめに

11.1.1 プログラミングの概要

プログラミングは，コンピュータに命令を与え，目的の処理を行わせるための手段である．私たちが日常的に使用しているスマートフォンのアプリケーションや，ウェブサイト，ゲームなどは，すべてプログラミングによって作られている．プログラミングを学ぶことで，自分の考えをコンピュータ上で実現し，さまざまな問題を解決することができるようになる．プログラミングスキルを身につけることは，将来のキャリアに大きな影響を与える．情報技術の急速な発展に伴い，プログラミングができる人材への需要は年々高まっている．

この章では，まず最初にプログラミングとは何かを説明し，次に Python の開発環境である Google Colaboratory の操作方法を説明する．最後に，Python を使ってプログラミングの基本を解説する．

11.1.2 プログラミング学習のコツ

プログラミングを学ぶ上で，以下のようなコツを押さえておくと効果的である．

(1) **基礎文法の習得とアルゴリズム的思考の違いを理解する** プログラミング言語の文法を学ぶことと，アルゴリズム（問題解決の手順）を考えることは，全く異なるスキルである．文法は，その言語特有のルールやキーワードを覚えることが中心だが，アルゴリズムは言語に依存しない，論理的な思考力が必要である．両方のスキルを並行して学習することが重要である．

(2) **実際にコードを書く練習を積む** プログラミングは，実際にコードを書く経験を積むことが何より大切である．サンプルコードを写経するだけでなく，自分で問題を解決するためのコードを書く練習を積もう．エラーが出ても，デバッグ[*1]する過程が学習には欠かせない．

(3) **公式ドキュメントやオンラインリソースを活用する** プログラミング言語の公式ドキュメントには，文法や関数の使い方が詳しく説明されている．また，オンラインには多くの学習リソースや問題集が提供されている．これらを有効活用しよう．

(4) **コードの読解力を養う** 他人が書いたコードを読む機会を持とう．優れたコードを読むことで，プログラミングのベストプラクティスが身につく．オープンソースプロジェクトに参加するのもいい経験になる．

[*1] プログラムのバグ（誤り）を見つけて修正する作業のこと．

134   11. プログラミング入門

(5) 継続的な学習を心がける　　プログラミングの世界は常に変化している．新しい言語や技術が登場し，それに合わせて学び続ける姿勢が大切である．興味のある分野に関する情報をキャッチし，積極的に新しいことにチャレンジしよう．

　これらのコツを意識しつつ，なによりも楽しみながらプログラミングを学んでいってほしい．最初は大変かもしれないが，努力を重ねることでプログラミングのスキルは確実に向上するだろう．

11.1.3　Python の概要

　プログラミング言語には，C 言語，Java，Python，JavaScript など，多くの種類がある．その中でも，Python は 1991 年にオランダ人のグイド・ヴァン・ロッサム（Guido van Rossum）によって開発され，初心者にも学びやすく，かつ強力な機能を備えた言語として注目されている．以下のような特徴から，初学者から上級者まで幅広く使われている．

- 読みやすく書きやすい文法
- 豊富な標準ライブラリ[*2)]とサードパーティライブラリ
- 幅広い応用分野（ウェブ開発，データ分析，機械学習など）
- インタープリタ方式[*3)]で，対話的に実行可能
- オブジェクト指向プログラミング[*4)]のサポート

　Python は，ウェブ開発フレームワークの Django や Flask，データ分析ライブラリの NumPy や Pandas，機械学習ライブラリの scikit-learn や TensorFlow，PyTorch など，多くの優れたツールを持っている．これらのツールを使うことで，効率的に高度なアプリケーションを開発することができる．Python を学ぶことで，論理的思考力とプログラミングスキルを身につけ，さまざまな分野で活躍することができるだろう．

11.2　Google Colaboratory

　Python でプログラミングを行うには，適切な開発環境[*5)]を整える必要がある．Google Colaboratory（略称：Colab，コラボ）（図 11.1）は，Google が提供するクラウド上の Jupyter Notebook 環境[*6)]である．Jupyter Notebook は，プログラムコードとドキュメント（説明用の文など）を 1 つのファイルに統合できるツールで，データ分析や機械学習など，さまざまな

---

*2)　ライブラリとは，特定の機能を提供するプログラムのコードがまとめられたものである．ライブラリを使うことで，プログラマは自分で一からコードを書かなくても，必要な機能を簡単に実現できる．

*3)　インタープリタ方式の言語では，プログラムコードを書きながら逐次的に実行することができる．一方，コンパイラ方式の言語（例：C 言語）では，コードを一通り書き終えた後，コンパイルと呼ばれる処理を経てから実行する．コンパイルとは，人間が理解しやすい高水準言語で書かれたコードを，コンピュータが直接実行可能な機械語（低水準言語）に変換する処理のことを指す．

*4)　オブジェクト指向プログラミング（OOP：object-oriented programming）とは，プログラムを「オブジェクト」と呼ばれる部品から構成する手法である．オブジェクトは，データ（属性）と関数（メソッド）を 1 つにまとめたものである．この手法を用いることで，コードの再利用性や保守性を高めることができる．

*5)　開発環境とは，プログラムのコードを書いたり実行したりするために必要なソフトウェアやツールの集合体のことである．通常は，Python の開発環境を構築するには，次のような作業が必要となる．1.Python のインストール，2.エディタまたは IDE（コードを書くためのソフトウェア）のインストール，3. 必要なライブラリのインストール，など．これらの準備作業は，初心者にとっては難しく感じられることが多い．Colab は開発環境が用意されているためこの作業が不要である．そのため，初心者でも気軽にプログラミングに取り組むことができる．

*6)　Python 開発環境の一つ．

タスクに広く使われている．Colab の最大の特徴は，ウェブブラウザ上で動作すること[*7]である．専用の開発環境をローカル PC にインストールする必要がなく，インターネットに接続できる環境であれば，どこからでも Python のコードを書いて実行できる．Colab は，以下のような特徴をもつ．

- 無料[*8]で利用可能．
- GPU[*9]や TPU[*10]が使える（機械学習のタスクを高速に処理できる）．
- Google ドライブと連携できる．
- ライブラリのインストールが容易．
- コードをリアルタイムで共有・共同編集できる．

図 11.1　Google Colaboratory

11.2.1　Google Colaboratory の基本操作

この章では，Colab を使用する上での基本的な操作方法を説明する．なお，Colab を利用するには，Google アカウントが必須である．Google アカウントを所持していない場合はまずアカウントを作成してほしい．

11.2.2　Google Colaboratory の利用開始手順

Colab は，Google ドライブの Marketplace[*11]アプリとして提供されている．Colab を利用するには，まず Google Workspace Marketplace から Colaboratory アプリをインストールし，その後，Google ドライブ上から Colaboratory のノートブックを作成し開く，という手順となる．

ここでの「インストール」は，自身の Google Workspace に Marketplace アプリを追加する

[*7] Colab などのクラウド上の開発環境では，ローカル PC に環境をセットアップする必要がない．ウェブブラウザさえあれば，すぐにプログラミングを始められる．

[*8] リソースの公平な利用のためにいくつかの制限が設けられている．本書の学習範囲内であれば制限されることはほぼない．

[*9] GPU（graphics processing unit）：単純な計算を大量に並列処理することに適したハードウェア．機械学習（特にディープラーニング）のタスクにも活用されている．ニューラルネットワークの学習では，大量の行列計算が必要になるが，GPU はこれを高速に処理できる．

[*10] TPU（tensor proessing unit）：Google が機械学習用に特別に開発したハードウェア．GPU と比べて，機械学習の推論（予測）を高速に行うことができる．

[*11] Google は，Gmail，Google カレンダー，Google スライドなど，各種ウェブサービスを提供している．これらのサービスはまとめて Google Workspace と呼ばれる．Google ドライブは Google Workspace の一つで，クラウドストレージである．

ことを意味する．ローカル PC にソフトウェアがインストールされるわけではない．それでは，Colaboratory アプリのインストール方法を説明する．

11.2.3　Google Colaboratory アプリのインストール

1）ウェブブラウザで Google トップページにアクセスし，Google にログインする．
2）Google アプリメニューをクリックし，Google アプリの一覧を表示する．
3）Google アプリの一覧をスクロールして移動し，(図 11.2) に示すような，[Google Workspace Marketplace の詳細] ボタンをクリックする．
4）Google Workspace Marketplace へ移動したら，[アプリを検索] で「Colaboratory」を検索する．
5）Colaboratory アプリが表示されるのでクリックする．
6）インストールボタンが表示される（図 11.3）のでクリックする．
7）表示される画面に従って進めていけばインストール完了．

図 11.2　Google Workspace Marketplace リンクボタン

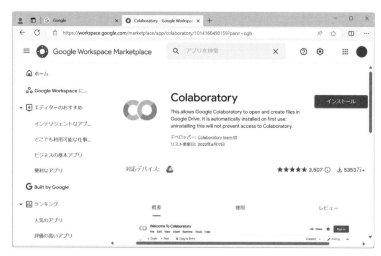

図 11.3　Colaboratory アプリのインストールボタン

11.2.4 Google ドライブへのアクセス

Google ドライブは Colab を利用する上で重要な役割を果たす．ここでは Google ドライブへアクセスする方法を説明する．

1) ウェブブラウザで Google トップページにアクセスし，Google にログインする．
2) いずれかの方法で Google ドライブにアクセスする．
- Google アプリのランチャーアイコンをクリックし，［ドライブ］を選択する．
- ウェブブラウザを開き，https://drive.google.com/drive にアクセスする．

11.2.5 Google ドライブの画面構成（図 11.4）

Google ドライブのトップページは，図 11.4 のような構成になっている．Colab で作成したノートブックは，Google ドライブに保存される．これにより，インターネットに接続している限り，どこからでもノートブックにアクセスして作業することができる．Google ドライブを活用して，ノートブックを効果的に管理しよう．

- サイドバー：マイドライブや，ストレージの使用状況などが表示される．
- ［+ 新規］ボタン：ファイルやフォルダ，ノートブックなどを新規作成できる．

図 11.4 Google ドライブ起動画面

11.3 ノートブック

ノートブック（.ipynb ファイル）[*12]は，プログラムコードとドキュメントを1つのファイルに統合した，Colab のファイルのことである．ノートブックの大きな特徴は，コードとドキュメントが一体化されている点である．従来のプログラミングでは，コードとドキュメントが別々のファイルに記述されることが多かった．しかし，ノートブックでは，コードとドキュメントをまとめて1つのファイルに記述できる．さらに，ノートブックは，プログラムのコードだけでなく，実行結果も一緒に保存できることも特徴の一つである．コードを実行すると，グラフや表，画像などの出力結果がノートブック内に自動的に埋め込まれる．ノー

[*12] .ipynb ファイル自体は JSON 形式のテキストファイルである．ノートブックのメタデータ（バージョン，言語，作者）やノートブックの内容（コードセル，テキストセル，出力結果など）が構造化されている．

トブックは，コードとその実行結果，ドキュメントを一体化して管理できるため，分析の過程や結果を振り返ったり，他の人と共有したりするのに便利である．

11.3.1 ノートブックの新規作成

ノートブックを新規作成する手順を説明する．まず Google ドライブへアクセスし，［+新規］ボタン（図 11.4）をクリックする．次に，新規に作成するフォルダやファイルの種類を選択できるので，［その他］を選択し［Google Colaboratory］（図 11.5）をクリックする[*13]．すると Colaboratory アプリが起動し，「Untitled*.ipynb」[*14]という名前のノートブックが新規に作成される（図 11.1）．

図 11.5　［+ 新規］ボタンを押したところ

11.3.2 ノートブック名変更

ノートブックの名称を変更する方法を説明する．（図 11.6）の Untitled1.ipynb と表示された部分（現在のファイル名が表示されている部分）をクリックすると変更可能となる．またノートブックの［ファイル］から［名前の変更］でも変更可能である．なお Google ドライブではファイル形式をファイル名に含まれる拡張子で管理していないため，ノートブック名から拡張子.ipynb を削除しても問題ない．

図 11.6　ノートブック名の変更

[*13] Colaboratory アプリのインストールが完了していないと［Google Colaboratory］が表示されない．その場合はインストールを実施する．また，［+アプリを追加］ボタンからも Colaboratory アプリのインストールができる．

[*14] *には数字が入る．例えば「Untitled1.ipynb」など．

11.3.3 ノートブックの保存

a. 自動保存

Colabは，定期的にノートブックを自動保存する．そのため，手動で頻繁に保存する必要はないが，重要な変更を加えた後は手動で保存しておくことを勧める．

b. ファイルメニューから手動で保存

図11.7に示すノートブックの画面上部にある［ファイル］メニューをクリックし，［保存］または［ドライブにコピーを保存］を選択する．［保存］を選択すると，既存のノートブックに上書き保存される．［ドライブにコピーを保存］を選択すると，現在のノートブックのコピーを新しいファイルとしてGoogleドライブに保存できる．

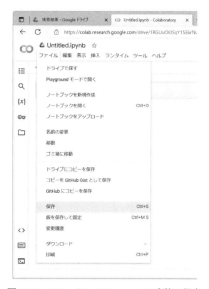

図11.7 ファイルメニューから手動で保存

c. ショートカットキーでの保存

[Ctrl] + [S]（macOSでは[Cmd] + [S]）を押し，ノートブックを保存することができる．

演習11.1

1) Google Colaboratoryで新しいノートブックを作成しなさい．
2) 作成したノートブックのタイトルを「Colab入門演習」と変更しなさい．
3) ショートカットキーを使ってノートブックを保存しなさい．

11.3.4 セル

a. セルとは

セルは，ノートブックにおける基本的な構成要素である．ノートブックは，複数のセルを順番に並べることで構成される．セルには主に，コードセルとテキストセルの2種類がある．

セルは，ノートブックの柔軟性と表現力を支える重要な機能である．コードセルによる対話的な実行と，テキストセルによる詳細なドキュメントの組み合わせにより，プログラムの開発と共有が効率化される．また，セルはノートブックの部分的な実行を可能にする．ユー

ザーは特定のセルだけを選択して実行したり，前のセルの実行結果を保持しながら次のセルを実行したりできる．この機能により，試行錯誤を繰り返しながらプログラムを開発できる．

b. セルの追加（図 11.8）

セルを追加するには，ノートブック上でセルの上部または下部にマウスカーソルを合わせると表示される［+コード］と［+テキスト］のボタンを使用する．これらのボタンをクリックすると，新しいコードセルやテキストセルを追加することができる．また，ノートブックのツールバーにある［+コード］と［+テキスト］のアイコンからもセルを追加することができる．

図 11.8　セルの追加

c. セルの削除（図 11.9）

セルを削除するには，削除したいセルを選択し，セルの右上にあるゴミ箱のアイコンをクリックする．誤ってセルを削除してしまった場合は，ツールバーの［編集］メニューから［元に戻す］を選択することで，削除したセルを復元することが可能である．

図 11.9　セルの削除

d. セルの移動（図 11.10）

セルを移動するには，移動したいセルの右上にある矢印のアイコンをクリックする．クリックごとにセルを上下に移動させ，ノートブック内の任意の位置に配置することができる．この操作は，ノートブックの構成を整理したり，セクション間の関連を明確にするのに便利である．

演習 11.2

コードセルの上にテキストセルを追加しなさい．

図 11.10　セルの移動

e.　コードセル

　コードセルは，プログラムコードを記述し実行するための領域である．ユーザは，コードセルにコードを書き込み，実行ボタンを押すことで，そのコードを実行できる．コードセルでは，変数の定義，関数の呼び出し，ライブラリのインポートなど，通常のプログラミングと同じ操作が行える．コードの実行結果は，セルの下部に表示される．グラフや表，画像など，さまざまな形式の出力が可能である．コードセルは，前のセルの実行結果を引き継ぐことができる．このため，ノートブック全体で変数や関数を共有しながら，段階的にプログラムを構築していける．

- コードセルの追加方法　　新しいコードセルを追加するには，ノートブックのツールバーにある［+コード］ボタンをクリックする．あるいは，既存のセルの上部または下部にカーソルを合わせることで表示される［+コード］をクリックする．また，ショートカットキー [Ctrl] + [M] + [B] でも現在選択したセルの下に新しいコードセルを追加できる．
- コードの記述と実行　　コードセルにカーソルを合わせ，Python のコードを記述する．コードの記述が完了したら，以下の方法でコードを実行できる．
  - セル左側の再生ボタンをクリックする．
  - ショートカットキー [Shift] + [Enter] を押して，コードを実行し，次のセルに移動する．
  - ショートカットキー [Ctrl] + [Enter] を押して，コードを実行し，現在のセルにとどまる．

　コードが実行されると結果がコードセルの直下に表示される（図 11.11）．エラーメッセージがある場合は，エラーの内容とその行が表示される（図 11.12）．また，Matplotlib などによって作成した画像も表示される（図 11.13）．

図 11.11　コードセルの記述と実行

図 11.12　エラーメッセージ

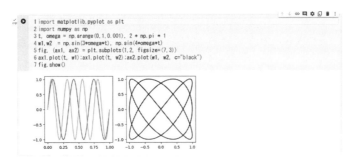

図 **11.13** 画像の表示

演習 11.3

新しいコードセルを追加し，次のコードを記述して実行しなさい．

```
print("Hello, world!")
```

11.4 コードセルの便利な機能

11.4.1 変数インスペクタ

Colab では，あるコードセルで定義された変数を，ノートブック内の他のセルからも利用（共有）できる．これにより，データの前処理や分析結果を段階的に確認しながらプログラミングを効率的に進めることができる．しかし，この機能には落とし穴もある．例えば，あるコードセルですでに利用している変数に，別のコードセルから誤って値を上書きしてしまうことがある．また，コードセル A で作成される変数をコードセル B で使用する際に，セル A が未実行だと変数が存在せず，セル B でエラーが生じることがある．このように変数の共有はバグの原因にもなりうる．

そこで役立つのが，変数インスペクタである．この機能を使えば，コードセルの実行によって作成されたすべての変数やその内容を一覧で確認できる．各変数にどのようなデータが格納されているかを素早くチェックできるため，バグの発見や修正に重宝する．左サイドバーの $\{x\}$ アイコンをクリックすると変数インスペクタが表示される．変数インスペクタでは，変数名と型，そして現在代入されている値が確認できる．図 11.14 の例では，1 つ目のコードセルを実行した後，2 つ目のコードセルを実行した際の変数インスペクタの表示である．

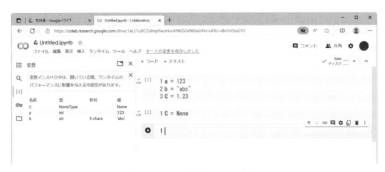

図 **11.14** 変数インスペクタ

演習 11.4
新しいコードセルを追加し，次のコードを記述して実行した後，変数インスペクタを表示しなさい．

```
a = 10
b = 3
y = 2*a + b
```

11.4.2 自動補完とコードの探索

自動補完は，コードを書いている際に変数名や関数名，メソッド名などの入力を補助する機能である．特定のオブジェクトに対して「.」(ドット) を入力した後や，すでに入力された文字に基づいて，利用可能な属性やメソッドの一覧が表示され，選択することでコードを完成させることができる．長い変数名や関数名を完全に記憶しておく必要がなく，入力の手間を省ける．また，正確なメソッド名や属性を自動で補完することで，タイプミスによるエラーを減らすことができる．図 11.15 は，torch を import するコード記述の最中に，未入力のコードを自動補完する一覧が表示されている例である．

一方，コードの探索機能は，特定の関数やメソッドの使用法，引数の情報，ドキュメンテーションを簡単に確認できるようにするものである．関数名や () の間にカーソルを合わせることで，その関数のドキュメントがポップアップ表示される．これにより，コードを書きながら関数の詳細を確認し，正しい使い方を知ることができる．図 11.16 は，torch.tensor 関数の詳細がポップアップで表示され，引数の種類や型が示されている例である．

図 11.15　自動補完の例

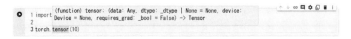

図 11.16　コードの探索機能の例

演習 11.5
1) 新しいコードセルを追加し，次のコードを記述しなさい．ただし，自動補完を使用して入力しなさい．

```
import torch
```

2) 新しいコードセルを追加し，次のコードを記述して実行しなさい．

```
import torch
n = 1000
```

```
device = "cuda" if torch.cuda.is_available() else "cpu"
A = torch.rand(n, n).to(device)
B = torch.rand(n, n).to(device)
%timeit torch.mm(A,B)
```

11.4.3 システムエイリアス

Colabでは，システムコマンドやシェルコマンドを実行するためにシステムエイリアスを使用できる．これにより，Pythonコードを書いている同じ環境内でLinuxコマンドを実行することが可能になる．具体的には，コマンドの文頭に「!」をつける[*15]ことで，ファイルシステムの操作，パッケージのインストール，システム情報などをコードセルで取得することができる．Colabにプリインストールされていないライブラリを追加でインストールする際に利用することができる．図11.17は，Pythonのパッケージ管理システムpipにインストールされているパッケージの一覧を表示するコマンドを実行した例である．

図 **11.17** システムエイリアスの例

11.4.4 ハードウェアアクセラレータ

ハードウェアアクセラレータとは，特定の計算処理を高速化するために設計されたハードウェアである．現在Colabでは，GPU（グラフィックス処理装置）とTPU（テンソル処理装置）の2種類のアクセラレータを利用することができる．ハードウェアアクセラレータが得意とする特定の計算に関して，CPUよりも大幅に高速化できる．

図11.18は大きな行列AとBを生成し，行列の乗算を行った際の計算時間の例である．CPU

図 **11.18** 行列の乗算にかかるCPUとGPUの計算時間

[*15] プレフィックスや接頭辞という．コードの特定部分に特別な意味や挙動を指示するために使われる．

に対して GPU は高速に計算できていることがわかる[*16]．Colab でハードウェアアクセラレータを利用するには，次の手順で設定する．メニューバーから［ランタイム］を選択し，［ランタイムのタイプを変更］をクリックする．［ランタイムのタイプ］ダイアログで，［ハードウェアアクセラレータ］のドロップダウンメニューから［GPU］，［TPU］のいずれかを選択する（図 11.19）．

図 11.19 ランタイムのタイプを変更

> **演習 11.6**
> ランタイムのタイプを GPU に変更した後，【演習 11.5】(2) のコードセルを再度実行しなさい．

11.4.5 テキストセル

テキストセルは，コードの説明やドキュメントを記述するための領域である．Markdown という記法を使って，見出しや段落，リスト，数式，画像などさまざまな要素を組み合わせ，コードの動作原理や使用方法，分析結果の考察などを詳細に記述できる．コードのドキュメントとしてだけでなく，数式を使った理論的な説明や，図表を使った説明など，目的に応じて適切な表現ができる．テキストセルは，コードセルの間に挿入することで，コードとドキュメントをシームレスに融合できる．読み手は，コードとその説明を行き来しながら，プログラムの全体像を把握できる．

a. テキストセルの追加方法

新しいテキストセルを追加するには，ノートブックのツールバーにある［＋テキスト］ボタン（図 11.8）をクリックする．あるいは，既存のセルの上部または下部に表示される［＋テキスト］をクリックする．

11.4.6 目次機能

Colab の目次機能は，ノートブック内の構造を一目で把握しやすくするためのものである．また，ノートブック内の特定のセクションに素早くアクセスしたい場合に便利である．テキ

[*16] ハードウェアアクセラレータは T4 GPU を選択．

ストセルで Markdown（後述）を使用して作成した見出しは自動的に目次に追加され，左サイドバーに表示される．目次機能を使用するには，Colab の左上にあるアイコン（3 本線のアイコン）をクリックすると，見出しに基づいた目次が表示される．この目次から任意のセクションを選択することで，大きなノートブック内でも簡単に移動することができる．図 11.20 は目次機能の表示例である．目次の［+セクション］をクリックすることで新しいセクション（見出し）を追加することもできる．

図 11.20 目次機能

11.4.7 Markdown 記法

Markdown 記法は，テキストに構造を加えるための軽量マークアップ言語である．一般に HTML よりも簡単に書くことができ，素のテキストでも読みやすく，書きやすいことが特徴である．Markdown 記法（表 11.1）を使用することで，見出し，強調，リスト，リンク，画像，コードブロックなどをテキストセルに追加できる（図 11.21）．Markdown 記法を使用することで，ノートブックをより見やすく，情報を効果的に伝えることができる．特に，プロ

表 11.1 Markdown の基本的な記法

要素	**Markdown** 記法	表示例	簡単な説明
改行	行末に空白 2 つ␣␣ 次の行	行末に空白 2 つ 次の行	行の末尾に半角スペースを 2 つ入れると改行される．
見出し	#␣見出し 1␣␣ ##␣見出し 2	見出し1 見出し2	#の数でレベルを指定．レベルが下がるほど文字サイズが小さくなる．
太字	**太字** または __太字__	**太字**	アスタリスクまたはアンダースコア 2 つで囲む．
順序なしリスト	-␣項目 1 ␣␣-␣サブ項目	● 項目 1 　○ サブ項目	ハイフン，アスタリスク，プラスのいずれかを使用．インデントでネストを表現．
順序ありリスト	1.␣項目 1 ␣␣␣1.␣サブ項目	1. 項目 1 　1. サブ項目	数字とピリオドを使用．自動的に番号が振られる．
リンク	[表示テキスト](URL)	表示テキスト	角括弧内に表示テキスト，丸括弧内に URL を記述．
画像	![代替テキスト](画像 URL)	Image	リンクの前に感嘆符を付け，角括弧内に代替テキストを記述．
インラインコード	\`コード\`	コード	バッククォートで囲む．
コードブロック	\`\`\` コード \`\`\`	コード	3 つのバッククォートで囲む．
数式	......$E=mc^2$......	......$E = mc^2$......	数式をドル記号で囲む．数式には LaTeX 記法（表 11.2）を使用．
別行立て数式	......$$E = mc^2$$......	...... $$E = mc^2$$	数式を 2 つのドル記号で囲む．数式には LaTeX 記法を使用．

11.4 コードセルの便利な機能　　147

図 11.21　Markdown 記法とテキストセル

ジェクトの説明やデータ分析の結果，研究の考察を記載する際に，読者が理解しやすい形で情報を整理できるのが大きな利点である．また，コードの説明や使用方法のドキュメントを同じノートブック内に記載することが可能になり，プロジェクトの進行や学習の過程を一元的に管理できる．

11.4.8　数式の挿入

科学分野の学習においては，数式の表現が重要になる．テキストセルでは，LaTeX[*17]という組版システムの記法を使用して，数式を美しく表現することができる．LaTeX は，科学技術文書や数学文書の作成に広く使われる組版システムである．テキストセルがサポートしている代表的な LaTeX の数式記法を表 11.2 に示す．

表 11.2　LaTeX 基本的な数式入力コマンド

分類	コマンド	説明	入力例	表示
基本演算	+, -, *, /	加減乗除	`$a + b - c * d / e$`	$a+b-c*d/e$
	\cdot	中央ドット（乗算）	`$a \cdot b$`	$a \cdot b$
	\times	バツ印（乗算）	`$a \times b$`	$a \times b$
	\div	割り算記号	`$a \div b$`	$a \div b$
累乗・添字	^	上付き文字（べき乗）	`$x^2$`	x^2
	_	下付き文字（添字）	`$x_1$`	x_1
分数	\frac{分子}{分母}	分数	`$\frac{1}{2}$`	$\frac{1}{2}$
平方根	\sqrt{x}	平方根	`$\sqrt{x}$`	$\sqrt{x}$
	\sqrt[n]{x}	n 乗根	`$\sqrt[3]{x}$`	$\sqrt[3]{x}$

演習 11.7

1) テキストセルを作成し，「演習問題の概要」という見出し（レベル 1）を記述しなさい．
2) 目次機能を使って目次を表示しなさい．
3) この演習の目的（任意の内容）を 3 つ箇条書きリストで記述しなさい．
4) 「Google Colab のリンク」のテキストに https://colab.research.google.com/ へのリンクを挿入

[*17] ラテックまたはラテフと読む．Colab では LaTeX 記法で表現された数式を MathJax を用いて描画している．

しなさい．

5) 新しいテキストセルを作成し，次の二次方程式の解の公式を別行立て数式として挿入しなさい．$x = \frac{-b \pm \sqrt{b^2 - 4ac}}{2a}$

図 11.22 演習問題（テキストセル）

11.5 プログラミングの基礎

11.5.1 プログラミングとは何か

プログラミングとは，コンピュータに特定の作業を行わせるための命令（プログラム）[18]を作成することである．私たちが日常的に使用しているアプリケーションやウェブサイトは，すべてプログラミングによって開発されている．プログラミングを通じて，私たちはコンピュータに複雑な問題を解決させ，さまざまな自動化を実現することができる．プログラミングには，アルゴリズムとデータ構造の理解が不可欠である．アルゴリズムは問題を解決するための手順や方法を表す．一方，データ構造は，問題に内在するデータの関係性や構造を適切に表現し，操作するための仕組み[19]である．プログラミングでは，これらの概念を活用して効率的かつ効果的なコードを書くことが求められる．

11.5.2 アルゴリズムの概念

アルゴリズムは，ある問題を解決するための明確に定義された手順のことである．日常生活でも料理のレシピや道案内など，アルゴリズムの例は数多く存在する．プログラミングにおいては，アルゴリズムは入力から出力までの一連の計算手順を表す．アルゴリズムには以下のような特徴がある．

(1) 入力　　アルゴリズムは 0 個以上の入力を受けとる[20]．

---

[18] コード，ソースコードなどとも呼ばれる命令の列．高水準言語（後述）ではほとんどがテキストデータである．
[19] データ構造は単なるデータの保存と操作の方法ではない．現実世界の問題に内在するデータには，本質的に何らかの関係性や構造を有する．例えば，データ間には順番，優先度，上下関係などの関係があり，全体としては列，階層構造，ネットワークなどの構造をなしている．問題を解くのに必要な関係をプログラムの中でどう表現し，どう操作するのかを解決する枠組みを提供するのがデータ構造である．
[20] 「2 つの整数を受け取り，その和を計算するアルゴリズム」では，入力は 2 つの整数である．一方，「現在の日付を表示するアルゴリズム」では，入力は必要ない．

(2) 出力　　アルゴリズムは少なくとも 1 つの出力を生成する [*21)].

(3) 明確性　　アルゴリズムの各ステップは明確に定義されており，曖昧さがない [*22)].

(4) 有限性　　アルゴリズムは有限回のステップで終了する [*23)].

(5) 実行性　　アルゴリズムの各ステップは，実際に実行可能でなければならない [*24)].

11.5.3　計算思考の重要性

計算思考（計算論的思考：computational thinking）とは，問題解決のためにコンピュータ科学の概念を活用する能力のことである．これは，プログラミングに限らず，日常生活や他の分野でも応用可能な考え方である．計算思考を身につけることで，複雑な問題に対して体系的にアプローチし，効果的な解決策を見出すことができる．プログラミングを学ぶ上で，計算思考の習得は非常に重要である．計算思考の主要な要素には以下のようなものがある．

(1) 分解　　大きな問題を小さな部分問題に分割すること [*25)].

(2) パターン認識　　問題の中にある規則性やパターンを見つけること [*26)].

(3) 抽象化　　不要な詳細を取り除き，問題の本質に注目すること [*27)].

(4) アルゴリズム設計　　問題を解決するための手順を考えること [*28)].

11.5.4　プログラミング言語の役割

プログラミング言語は，人間とコンピュータをつなぐコミュニケーションツールである．プログラマはプログラミング言語を使ってアルゴリズムを記述し，コンピュータはその記述を理解して実行する．プログラミング言語には，大きく分けて以下の 2 つの種類がある．

(1) 低水準言語　　機械語やアセンブリ言語など，コンピュータのハードウェアに近い言語．

(2) 高水準言語　　人間にとって理解しやすい言語．C，Java，Python などが含まれる．

現在，主にプログラミングに用いられているのは高水準言語である．高水準言語は，英語

[*21)]　ここでの「出力」とは，「状態の変化」（あるいは「結果」）のことである．「2 つの整数を受け取り，その和を計算するアルゴリズム」の出力は 2 つの整数の和である．一方，「乱数のシード値を設定するアルゴリズム」は擬似乱数の内部状態を変更するアルゴリズムである．このアルゴリズムは一見すると出力がないようにみえるが，結果として状態を 1 つ変化させている．

[*22)]　「部屋の掃除手順アルゴリズム」（step 1：掃除が必要そうなところを片付ける．step 2：ごみを捨てる．step 3：部屋が十分にきれいになったら，掃除終了．）では，「掃除が必要そうなところ」や「十分にきれい」といった曖昧な表現が使われているため，人によって解釈が異なる可能性があり（再現性がない），明確な基準が定義されていない．

[*23)]　「すべての自然数を書き出すアルゴリズム」は，自然数が無限に存在する性質をもつため，このアルゴリズムは無限に動き続ける（停止しない）．

[*24)]　「世界中のすべての本を読むアルゴリズム」（step 1：世界中のすべての本のリストを作成する．step 2：リストの最初の本から読み始める．step 3：本を読み終えたら，リストから削除し，次の本に進む．step 4：リストが空になるまで，ステップ 3 を繰り返す．）では，実行には非現実的な時間がかかる．世界中のすべての本を読むには，人生では時間が足りない．また，すべての本のリストを作成することも非常に難しい作業である．したがって，このアルゴリズムは実行可能ではない．

[*25)]　例：旅行の計画を立てる際に，交通手段の手配，宿泊先の予約，観光スポットの選択など，より小さいタスクに分割する．

[*26)]　例：人間が新しい言語を学ぶ過程では，単語を並べる順序や語尾の変化などに注目し，そこにみられる規則性からパターンを見出すことで，文法規則を導き出していく．

[*27)]　例：地図アプリを使う際に，実際の道路や建物の詳細な情報を省略し，必要な情報だけを表示することで，見やすさと使いやすさを向上させる．

[*28)]　例：料理のレシピを作る際に，材料の準備，調理の手順，盛り付けの方法など，一連の手順を明確に定義する．

に似た構文規則や単語を使用しているため，人間がコードを理解しやすく，ハードウェアの詳細をほとんど意識せずにプログラミングできる特徴がある．一方，高水準言語で書かれたプログラムは，コンパイルまたはインタープリットという処理を経て機械語に変換される必要がある．本書では，Python を使用してプログラミングの基礎とアルゴリズム的思考を学ぶ．Python の文法自体は簡単だが，その背後にある基本的な概念や考え方は，他のプログラミング言語にも通じるものだ．Python を通じて身につけたスキルは，将来的に他の言語を学ぶ際にも役立つだろう．プログラミングは 21 世紀における必須のリテラシーの一つであり，論理的思考力や問題解決能力を養う上でも非常に有益である．本書を通じて，プログラミングの面白さと可能性を感じてもらえれば幸いである．

11.5.5 変数とデータ

プログラミングにおいて，変数とデータはアルゴリズムの入力や出力，また中間的な計算結果を表現するために使用される．変数とデータにはさまざまな種類があり，それぞれ異なる性質を持っている．この項では，変数とデータの種類について学ぶ．

a. 変数

変数は，プログラミングに限らず，日常生活や数学などでも広く使われている概念である．

日常生活の例えでは，「変数」は，物事の状態を表現するために使われる．例えば，「気温」は変数の一種と考えられる．気温はある時点での大気の温度を表しており，時間とともに変化する．朝は低く昼は高くなるといったように，気温の値は変化するが，「気温」という変数名は変わらない．

数学では，変数は未知の値や変化する値を表すために使われる．例えば，方程式 $x + 3 = 7$ の中の x は変数である．この方程式では，x はある特定の値を表しているが，その値は方程式を解くことで明らかになる．また，関数 $y = 2x + 1$ の中の x や y も変数である．この関数では，x の値が変化すると，それに応じて y の値も変化する．変数は，問題解決やモデル化においても重要な役割を果たす．複雑な問題を解決する際，問題の各要素を変数として表現することで，問題の構造を明確にし，解決策が見つけやすくなる [29]．プログラミングにおいて変数はデータを格納し，名前を付けることで，プログラムの可読性と再利用性を高めるために使われる．変数はプログラムの実行中に値を変更できるため，動的なデータ処理を可能にする．

このように変数は，あらゆる分野で使用されている基本的な概念である．変数を使うことで，物事の状態や値を表現し，問題をモデル化し，解決策を見つけやすくなる．変数の概念を理解することは，論理的思考力や問題解決能力を養う上でも重要である．

b. ネームタグ

変数を「ネームタグ」に例えると，変数はモノやデータに付けられた名札のようなものである．名札は，モノやデータに名前を付けることで，識別を容易にする．これによって，複数のモノやデータを区別し，管理することができる．名札を付けかえることで，別のモノやデータを指し示すこともできる．

---

[29] 例えば，ビジネスの利益を計算する際，「収入」と「支出」を変数として表現し，それらの関係性を式で表すことで，利益の計算式を導き出すことができる．

日常生活の例えでは，引き出しに付けられたラベルを考えてみるとよい．引き出しのラベルには，中身を表す名前（例：「文房具」，「衣類」など）が書かれている．ラベルをみることで，引き出しの中身を識別できる．これは変数の重要な性質を表している．

　例えば，「要洗濯」，「洗濯済み」，「洗剤」とラベルの付いた引き出しがそれぞれあるとする．この場合，「洗濯アルゴリズム」の4つの手順は次のようになる．1.「要洗濯」と「洗剤」の引き出しから中身を取り出す．2. 取り出した中身を洗濯機に入れる．3. 洗濯機のスイッチを入れ，洗濯が完了するまで待つ．4. 洗濯機の中身を「洗濯済み」の引き出しに入れる．この手順書と洗濯機，そしてラベル付けされた引き出しがあれば，大抵の人はこのアルゴリズムを実行できる（洗濯できる）だろう．

　c．データ

　データは，変数で保持する対象（変数の中身）である．プログラミングにおいて扱うデータには種類があり，これを「データ型」，あるいは単に「型」という．プログラミング言語では，以下のような主要なデータ型が一般的に使用されている．

　(1)　**整数**　正の整数，負の整数，および0を表現するためのデータ型である．主に算術演算（加減乗除など）や比較演算（大小関係の判定など）といった操作が行われる．

　(2)　**実数** [*30)]　実数（小数を含む数値）を表現するためのデータ型である．固定小数点型と浮動小数型がある（10.3節）．この型は，非常に大きな数値や非常に小さな数値も表現できる．整数と同じく，算術演算や比較演算といった操作が行われる．

　(3)　**真偽値**　真（true）または偽（false）のいずれかの値をとるデータ型である．主に論理演算や条件分岐といった操作に使用される（10.6節）．

　(4)　**文字列**　文字の並びを表現するためのデータ型である．主に文字の比較や結合などの操作に用いられる．

　これらの基本的なデータ型に加えて，プログラミング言語によっては，より専門的な用途に特化したデータ型や，複数のデータ型を組み合わせたデータ型（リスト，辞書，構造体，クラスなど）が用意されている．

　d．Python での変数とデータ

　それでは，実際に Python で変数とデータを扱ってみよう．Python では，変数を宣言する際に，明示的なデータ型の指定は必要ない．変数名を書き，データを代入 [*31)] するだけでよい．

■ 変数の作成とデータの代入

```
age = 25            # 整数の変数
height = 168.5      # 数の変数
name = "John"       # 字列の変数
is_student = True   # 真偽値の変数
```

[*30)]　整数は実数の一部なので，整数と実数がデータ型として区別されていることを疑問に思うかもしれない．これにはいくつかの理由がある．まず，数の性質上の違いがある．整数は離散的で不連続，一方実数は連続的な値の集まりである．両者を区別することは，この性質の違いを生かしたアルゴリズムを作成するのに便利である．次に，コンピュータで扱う上での違いがある．一般にコンピュータはビット列（2進数の整数部）の計算に特化している．すなわち整数演算が主である．そのため，小数を含む数の計算には時間とメモリが余計にかかる．さらに，コンピュータで表現できる実数はその多くが近似値であり，計算には常に誤差が付きまとう．一方で整数は高速かつ正確に計算可能である．両者を区別することで，目的に応じた適切なアルゴリズムを作成することができる．

[*31)]　変数にデータを割り当てる（データに名前を付ける）ことを代入という．

152   11. プログラミング入門

　この例では，変数 age に 25 が代入されている．なお，コードの「#」から始まる文はコメントといい，実行時に無視される．次に，「気温」が今何度なのかを確認するように，変数の中身を確認 [*32] する（名前の付いたデータを確認する）には，変数を指定すればよい．

■ 変数の中身確認（変数の参照）

```
print(age)        # 25
print(height)     # 168.5
print(name)       # John
print(is_student) # True
```

　print は () 内に入力されたデータを表示（出力）する命令である．print(age) に注目する．このコードは，まず変数 age が評価（参照）される．参照すると，age には 25 が割り当てられているので，print(age) の age が 25 に置き換えられる．print(age) は print(25) となり，最後に print が入力された値 25 を出力する．

11.5.6　Python での算術演算と比較演算

　算術演算と比較演算は，プログラミングにおいて頻繁に使用される基本的な演算である．これらの演算子を適切に組み合わせることで，数値計算や条件判定を行うことができる．

a.　算術演算

　Python では，次の算術演算子 [*33] を使用して数値の計算を行うことができる．変数 a や b に代入する数を変え，計算結果が変化することを確認してほしい．

■ 算術演算

```
# 変数の作成
a = 10
b = 5

# 算術演算
print( a  + b ) #       15 （加算）
print( a  - b ) #        5 （減算）
print( a  * b ) #       50 （乗算）
print( a  / b ) #      2.0 （除算）
print( a // b ) #        2 （整数除算）
print( a  % b ) #        0 （剰余）
print( a ** b ) #   100000 （冪乗）
```

　複数の演算子を組み合わせた式を記述することもできる．その際，演算子の優先順位に従って計算が行われる．演算子の優先順位は一般的な計算と同じである [*34]．括弧 () を使用して，明示的に計算の順序を指定することもできる．

b.　比較演算

　Python では，次の比較演算子を使用して数値の比較を行うことができる．比較演算の結果は，真偽値（True または False）で返される．また，括弧 () を使用して，明示的に比較の順序を指定することもできる．なお，比較演算は算術演算子よりも計算順位は低い．そのた

[*32]　変数の中身を確認することを参照という．
[*33]　データに対して操作を行うための記号や記号の組み合わせのことを演算子と呼ぶ．算術演算子は，数値のデータに対して算術計算をするための演算子のことである．
[*34]　優先順位は「括弧 > 冪乗 > 乗算 ≧ 除算 ≧ 整数除算 ≧ 剰余 > 加算 ≧ 減算」である．

め，双方の演算子が含まれる式は，まず算術演算が行われ，そのあと比較演算が行われる．

■ 比較演算

```
# 変数の作成
a = 10
b = 5

# 比較演算
print( a == b ) # False （等しい）
print( a != b ) #  True （等しくない）
print( a  > b ) #  True （大なり）
print( a  < b ) # False （小なり）
print( a >= b ) #  True （大なりイコール）
print( a <= b ) # False （小なりイコール）
```

演習 11.8

各問題で，「式を評価（手計算）し結果を予測」しなさい．その後，「実際に Python で式を実行し，予測が正しいかどうかを確認」しなさい．

1) 10 + 5
2) 3 * (4 + 3)
3) 10 + 5 > 3 * (4 + 3)
4) 2 ** 3 + 4 * 2 >= 20 - 4 / 2
5) 10 % 3 == 1
6) 10 % 3 + 5 * 2 != 20
7) x = 1.5
   y = x**2 + 2*x + 1
   y < 0

11.5.7 制御構文

プログラムは一連の命令の集まりである．これらの命令がどのような順番で実行されるかを，実行フローという．プログラムの実行フローを制御するための構文を，制御構文と呼ぶ．制御構文を使用することで，プログラムの処理の流れを柔軟に制御し，さまざまな条件に応じて適切な処理を行うことができる．ここでは，順次処理，条件分岐，繰り返し処理について説明し，フローチャートを用いてアルゴリズムを表現する方法についても触れる．

a. 順次処理

順次処理は，プログラムの命令を上から下へ，1行ずつ順番に実行していく処理方式である[35]．制御構文を使用しない限り，プログラムは記述された順序で命令が実行される．以下は，順次処理の例である．

■ 順次処理の例

```
print("Hello, world!")
x = 10
y = 20
```

---

[35] 例：「レシピに従って料理を作る」．料理を作る際，レシピに記載された手順に沿って，1つずつ順番に作業を進めていくのと同じである．

```
z = x + y
print("The sum of", x, "and", y, "is", z)
```

上記のプログラムでは，各命令が上から順番に実行される．まず，"Hello, world!" が出力され，次に変数 x に 10 が代入され，変数 y に 20 が代入される．その後，x と y の和が計算され，変数 z に代入される．最後に，計算結果が出力される（"The sum of 10 and 20 is 30"）．

演習 11.9

1) 2 つの整数を 2 つ変数に代入し，その和，差，積，商を計算して出力するプログラムを作成しなさい．
2) 5 教科（国語，数学，英語，理科，社会）の点数を変数に代入し，合計点と平均点を計算して出力するプログラムを作成しなさい．

---

b. 条件分岐

条件分岐は，特定の条件に基づいてプログラムの実行フローを変更する制御構文である [36]．条件が満たされた場合には，ある処理が実行され，条件が満たされない場合には，別の処理が実行される．Python には，if 文，if-else 文，if-elif-else 文などがある．

■ if 文

```
x = 10
if x > 0:
    print("x is positive")
```

上記のプログラムでは，変数 x の値が 0 より大きいかどうかを判定している．条件 x > 0 が真の場合，"x is positive" が出力される．条件が偽の場合，何も出力されない．if-else 文を使用すると，条件が真の場合と偽の場合で異なる処理を実行することができる．

■ if-else 文

```
x = -5
if x > 0:
    print("x is positive")
else:
    print("x is zero or negative")
```

上記のプログラムでは，変数 x の値が 0 より大きい場合は "x is positive" が出力され，そうでない場合は "x is zero or negative" が出力される．さらに，if-elif-else 文を使用すると，複数の条件を順番に評価し，最初に真となる条件に対応する処理が実行される．

■ if-elif-else 文

```
x = 0
if x > 0:
    print("x is positive")
elif x < 0:
    print("x is negative")
else:
    print("x is zero")
```

---

[36] 例：「天気に応じて行動を変える」天気予報や実際の天気に基づいて，その日の行動を決めることがよくある．晴れの場合…外出する「洗濯物を外に干す，公園で散歩を楽しむ」など．雨の場合…家で過ごす「映画を観たり，本を読んだりする，部屋の掃除をする」など．曇りの場合…「軽い運動をする，友人とカフェで過ごす，室内で趣味の活動をする」など．これは条件分岐の典型的な例である．

上記のプログラムでは，変数 x の値に応じて，"x is positive"，"x is negative"，または "x is zero" のいずれかが出力される．

演習 11.10

1) 年齢を変数に代入し，年齢が 20 歳以上なら「お酒を販売します」，そうでなければ「お酒は販売できません」と出力するプログラムを作成しなさい．
2) 月の番号（1〜12）を変数に代入し，その月に対応する季節（春：3〜5 月，夏：6〜8 月，秋：9〜11 月，冬：12〜2 月）を出力するプログラムを作成しなさい．

---

c. 繰り返し処理

繰り返し処理は，ある条件が満たされている間，同じ処理を繰り返し実行する制御構文である [37]．繰り返し処理を使用することで，同じような処理を何度も記述する必要がなくなり，コードの簡潔化と効率化が図れる．Python には，for 文と while 文がある．for 文は，指定された回数だけ繰り返し処理を実行する．

■ for 文

```
for i in range(5):
    print(i)
```

上記のプログラムでは，0 から 4 までの数字が順番に出力される．range(5) は，0 から 4 までの整数を生成するために使用されている．一方 while 文は，指定された条件が真である限り，繰り返し処理を実行する．

■ for 文

```
i = 0
while i < 5:
    print(i)
    i = i + 1  # 注：i に 1 を追加した後，i に代入する．
```

上記のプログラムでは，変数 i が 0 から始まり，i が 5 より小さい間，i の値が出力される．各繰り返しの最後で，i の値が 1 ずつ増加する [38]．繰り返し処理の中で，break 文を使用すると，繰り返し処理を途中で終了することができる．また，continue 文を使用すると，現在の繰り返しを終了し，次の繰り返しに進むことができる．

演習 11.11

1) 文字列を変数に代入し，その文字列を 5 回繰り返して出力するプログラムを作成しなさい．
2) 1 から 10 までの整数を出力するプログラムを作成しなさい．
3) 1 より大きい正の整数を変数に代入し，1 からその数までの合計を計算して出力するプログラムを作成しなさい．

---

[37]　例：「運動トレーニングを行う」運動トレーニングは，同じ動作や一連の動作を繰り返し行うことで，体力や技術の向上を目指すものである．腕立て伏せは，1. 腕立て伏せの姿勢をとる，2. 腕を曲げて体を下ろす，3. 腕を伸ばして体を押し上げる，4. 1-3 の動作を指定された回数（例えば 10 回）繰り返す．繰り返しの回数や時間，距離などの条件を満たすまで，トレーニングが継続される．これは，繰り返し処理の典型的な例である．

[38]　i = i + 1 というコードに驚くかもしれない．Python に限らず，多くのプログラミング言語での「=」という記号は，数学の「=（等しい，相等）」とは意味が異なる．プログラミング言語の「=」は，「代入する」という意味で，右辺を評価（計算）した後，その結果を左辺の変数に代入する操作を表す記号である．数学の「=」のように，右辺と左辺が等しいことを述べているのではない．

11.5.8 フローチャートによるアルゴリズムの表現

アルゴリズムをわかりやすく表現するために，フローチャートを使用することがある．フローチャートを使用し，アルゴリズムの流れを視覚的に表現することで，論理的な思考を助けることができる．フローチャートは，処理の流れを図式化したもので，図形と矢印を使って表現される．以下は，フローチャートで使用される主な図形（図 11.23）である．

- 開始/終了　　楕円形で表され，アルゴリズムの開始と終了を示す．
- 処理　　長方形で表され，処理の内容を記述する．
- 入力/出力　　平行四辺形で表され，データの入力や出力を示す．
- 条件分岐　　菱形で表され，条件に基づいて処理の流れを分岐する．
- 矢印　　処理の流れを示す．

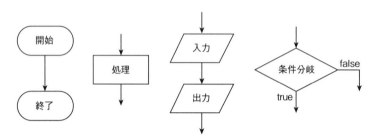

図 11.23　フローチャートで使用される主な図形

演習 11.12

1) 2つの整数を入力し，その大小関係（等しい，大きい，小さい）を出力するフローチャートを作成しなさい．
2) 上記のフローチャートを，Python を用いてプログラムにしなさい．
3) 1 から 100 までの整数の中で，3 の倍数と 5 の倍数を出力するフローチャートを作成しなさい．
    a) （繰り返し処理）：1 から 100 までの整数をループする．
    b) （条件分岐）：現在の数が 3 の倍数または 5 の倍数かどうかを判定する．
    c) （順次処理）：倍数の場合は出力する．
4) 上記のフローチャートを，Python を用いてプログラムにしなさい．

11.5.9 データ構造

データ構造とは，プログラムの中でデータの集まりを効率的に管理し操作するための仕組みである．現実世界の問題に内在するデータは，個々のデータ間に何らかの関係性や全体としての構造を有する．問題を解決するためには，これらのデータの関係性や構造をプログラム内で適切に表現する必要がある．

例えば，クラスの出席簿では，学生番号と氏名の関係が 1 対 1 で固定されており，途中で欠番があっても番号と氏名の対応は変わらない．これは「配列」というデータ構造で表現できる．一方，病院の待ち行列では，ある患者から見るとその前後に別の患者が並んでいる．これは「リスト」という構造で，先頭の患者が変わると後続の患者の順番もシフトする．ま

た，急患の割り込みや途中での離脱もあり得る．病院の待ち行列は，クラスの出席簿と異なり，患者に割り当てられる番号が変化する [*39]．さらに，To Do リストも同様にリスト構造であるが，順番の変更だけでなく，タスクの優先度による「並べ替え」が発生する．病院の待ち行列では順番の番号は変化するが，前後の患者と相対的な位置関係（並び順）は基本的に変わらない．一方，To Do リストでは，タスクがリストに追加された順番に関わらず，優先度が高いタスクが常に上位に位置する．つまり，並び順が変化する．

物事が順番に並ぶ配列やリストだけではなく，別の例も考えてみよう．本の章・節・項のタイトルと番号の関係を考える．本を執筆していると，新しい節の追加や削除により，それ以降の節番号や下位レベルの項番号がずれていく．このような階層構造を表現するには，単純な配列やリストでは不十分で，「木」と呼ばれるデータ構造が必要である．

このように，データ構造の選択は，問題を解決するために必要な操作と密接に関連している．アルゴリズムを設計する際は，データ構造も並行して考慮することが重要である．本書では，さまざまなデータ構造の中でもリストに焦点を当てて解説する．

11.5.10　リスト

リストは，コンピュータサイエンスにおいて基本的かつ汎用的なデータ構造の一つである．リストでは，要素が特定の順序で並べられており，各要素には 0 から始まるインデックス番号 [*40]が割り当てられている．例えば，要素 A，B，C が順番に並んでいるとすると，A のインデックスは 0，C のインデックスは 2 である．この要素の列に L と名前を付ける．すると，インデックス番号を使うことで，「L のインデックス 1 の要素」つまり「A，B，C の列で 2 番目に並んでいる要素」は「B」であると知ることができる．

リストは，インデックスで要素順序を指定できるだけでなく，要素の追加，挿入，変更，削除ができる．以下に，リストが用いられる具体的な例を示す．

• **病院の待ち行列管理**　患者は，病院に到着した順番で診察を受ける．この待ち行列は，リストで表現するのに適している．新しい患者 X が来れば，リストの最後尾に追加される（$[A, B, C, X]$）．先頭の患者 A が診察を終えれば，リストから取り除かれ，後続の患者が 1 つずつ前に詰めていく（$[B, C, X]$）．また，急患 Z が来れば，リストの途中に割り込ませる（挿入する）こともできる（$[B, Z, C, X]$）．C は，患者本人 Y ではなく，家族などの代理人であった．患者 Y が病院に到着したら，C と入れ替わる（変更する）こともできる（$[B, Z, Y, X]$）．

• **To Do リストの管理**　To Do リストも，リストで管理するのに適している．病院の待ち行列管理と同じく，新たなタスクの追加，完了したタスクの削除，タスクの挿入，タスクの変更が可能である．ただし，To Do リストは優先度に応じて順序を変更することができる．タスクの優先度（大きい方が優先度が高い）が添え字になっている To Do リスト $[A_0, B_3, C_2]$ があるとする．優先度に応じて順序を並び替えることもできる（$[B_3, C_2, A_0]$）．

[*39]　前の人を後ろの人が抜くことはない．つまり相対的な並び順（位置関係）は基本的に変化しない．割り当てられる番号が変化するだけである．

[*40]　一部のプログラミング言語では，インデックスが 1 から始まるものもある．

11.5.11 Python におけるリスト

Python は，リストをデータ型としてサポートしている．Python のリストは，異なるデータ型の要素を格納できる可変長[*41)]の配列である．リストは，要素の追加，削除，変更が可能で，非常に柔軟性の高いデータ構造である．

■ リスト

```python
# リストの作成
fruits = ["apple", "banana", "orange"]
# リストの0番目の要素にアクセス
print(fruits[0])  # "apple"
# リストの1番目の要素を変更
fruits[1] = "grape"
print(fruits)  # ["apple", "grape", "orange"]
# リストの末尾に要素を追加
fruits.append("kiwi")
print(fruits)  # ["apple", "grape", "orange", "kiwi"]
# リストから1番目の要素を削除
fruits.pop(1)
print(fruits)  # ["apple", "orange", "kiwi"]
```

11.6 その他のリスト操作

アクセス，変更，追加，削除の基本操作の他，よく用いられる操作の例を以下に示す．リストの長さ，繰り返し処理の例を以下に示す．

■ リストの操作

```python
# リストの作成
numbers = [3, 5, 2, 1, 4]
# リストの長さ（要素の個数）
print(len(numbers))  # 5
# 繰り返し処理
for num in numbers: # リストの要素を順番にひとつずつ取り出す
    print(num)
# リストの並び替え
numbers.sort()
print(numbers)  # [1, 2, 3, 4, 5]
```

演習 11.13

1) リストの基本操作（アクセス，変更，追加，削除）を使って，自分の好きな食べ物のリストを作成し，操作しなさい．
2) 数値のリストを作成し，リストの要素合計値と平均値を求めるプログラムを作成しなさい．
3) 文字列のリストを作成し，リストの要素を辞書順にソートするプログラムを作成しなさい．
4) リストの要素を逆順に並べ替えるプログラムを作成しなさい．

[*41)] 異なるデータ型の要素を格納でき，格納できる要素数を動的に変更できる配列のこと．通常の配列は，作成時（宣言時）に要素のデータ型と格納できる要素数（配列の長さ）を指定する．そして，指定したデータ型と要素数は変更できない．

10 章演習問題解答

●問 10.1 　次の 2 進数を 10 進数に変換せよ.

(1) 00100011　⇒　$32 + 2 + 1 = 35$

(2) 00111111　⇒　$32 + 16 + 8 + 4 + 2 + 1 = 63$

(3) 01000000　⇒　64

●問 10.2 　次の 10 進数を 2 進数に変換せよ.

(1) 43　⇒　101011

(2) 55　⇒　110111

(3) 143　⇒　10001111

●問 10.3 　次の 2 進小数を 10 進数で表せ.

(1) 0.1　⇒　0.5

(2) 0.1111　⇒　0.9375

●問 10.4 　10 進数の 0.8 を 2 進小数で表せ.

0.110011001100.... （循環小数）

●問 10.5 　次の 2 進数を 16 進数で表せ.

(1) 00101011　⇒　2B

(2) 00111111　⇒　3F

(3) 01000000　⇒　40

●問 10.6 　次の 16 進数を 10 進数に変換せよ.

(1) 10　⇒　16

(2) 41　⇒　65

(3) A0　⇒　160

(4) FF　⇒　255

●問 10.7 　ド・モルガンの公式を真理値表を用いて証明せよ.

⇒ ウェブ付録

●問 10.8 　ド・モルガンの公式をベン図を用いて証明せよ.

⇒ ウェブ付録

索　引

数字

1 の補数　119
2 進数　115
2 進法　115
2 の補数　119
8 進数　118
10 進数　115
10 進法　115
16 進コード　125
16 進数　118

A

`<a>`タグ　107
ACK　12
`<alt>`タグ　107
ALU　1
anchor タグ　107
ASCII　123

B

`<blockquote>`タグ　102
body 部　99

C

CES　123
class 属性　104
CPU　1
CSS　98

D

`<div>`タグ　103
DNS　9

E

EUC-JP　126

F

float プロパティ　111

G

Google Colaboratory　134
Google スプレッドシート　67
Google スライド　73, 91
Google ドキュメント　41
gTLD　9

H

`<h>`タグ　102
header 部　99
`<hr>`タグ　103
HTML　96
HTML5　98
HTTP　96

I

id 属性　104
IMAP4　15
`<img>`タグ　106
IP アドレス　8
IP パケット　11
ISO　9
ISO-2022-JP　125

L

LAN　3, 7
`<li>`タグ　104

M

MAC アドレス　10
Markdown 記法　146
Microsoft 365 PowerPoint　88
Microsoft Excel　27, 48
Microsoft PowerPoint　73
Microsoft Word　21

MUA　5, 15

N

NIC　10

O

`<ol>`タグ　104
OOP　134
OS　4
OSI 参照モデル　10

P

`<p>`タグ　102
pixel　128
POP3　15
`<pre>`タグ　102
Python　134

R

RAM　2
ROM　2

S

Shift_JIS　126
SMTP　15
SNS　16
`<span>`タグ　103
`<style>`タグ　104

T

`<table>`タグ　109
TCP　12
TCP/IP　12
TCP/IP モデル　10

U

UCS　127
`<ul>`タグ　104

索　引

Unicode　127

V

Validator　97, 98, 114

W

WAN　7
World Wide Web（WWW）　13
WWW サーバ　13

あ行

アセンブリ言語　5
圧縮　128
アドレス　2
アナログ通信網　8
アニメーション　84
アプリケーション層　12
アルゴリズム　133, 148
アンカータグ　107
アンダーフロー　121

イーサネット　11
インターネット　8
インターネット層　12
インタープリタ　5
インデント　31

ウェブアプリケーション　41
ウェブサーバ　13
ウェブブラウザ　4

エコーチェンバー現象　16
エスケープシーケンス　126
エンコーディング方式　123
演算装置　1

応用ソフトウェア　4
オートフィルター　61
オーバーフロー　121
オブジェクト　27
オブジェクト指向プログラミング
　　134
オペレーティングシステム　4

か行

可逆　128
拡張子　5
確認応答　12
仮数　121
関数　63

木構造　6
機種依存文字　127
基数　115
行　50
共同編集機能　90

区点番号　125
組み合わせ回路　129
クライアント　3
位取り記法　115
クラウドサービス　14
グラフ　56
繰り返し処理　155
グリッド線　32
グループ化　101

計算思考（計算論的思考）　149
桁　115
ゲート　130

広域通信網　7
高水準言語　5
構内通信網　7
国際標準化機構　9
個人情報　19
個人情報保護法　19
固定小数点表示　120
コード　97
　　――の探索　143
コードセル　139
コメント　34
コンテンツ　97
コンパイラ　5
コンピュータ　1
　　――の 5 大機能　1
コンピュータネットワーク　6

さ行

サーバ　3
算術演算　152

指数　121
システムエイリアス　144
次世代医療基盤法　20
実行フロー　153
シート　48
自動補完　143
順次処理　153
順序回路　129
条件分岐　154
ショートカット　26
真理値表　129

数式　33, 63

スタイル　98
スプレッドシート　48
スライド　73
スライドショー　85

制御文字　123
整形済みテキスト　102
正の数　119
絶対参照　53
セル　50
セレクタ　99
全加算器　131
宣言ブロック　100

相対参照　53
属性　99
ソーシャルネットワーキングサービ
　　ス　16
ソフトウェア　1

た行

第 1 水準　125
第 2 水準　125
タグ　97
段組み　31
段落　31

中央処理装置　1

ディスプレイ　3
ディレクトリ　6
テキストエディタ　21
テキストセル　139
デジタルタトゥー　18
デジタル通信網　8
データ構造　156
テーブル　109
電子メール　14

トゥルーカラー　128
ドメインネーム・システム　9
ド・モルガンの公式　132
トランジション　84
トランスポート層　12

な行

偽ニュース　16

ネットマナー　113
ネットワーク　3
ネットワークインターフェース回路
　　10
ネットワーク層　12

索　　引　　　163

ネットワーク犯罪　17

ノートブック　137

は行

バイト　116
ハイパーリンク　107
配列　156
ハードウェア　1
ハードウェアアクセラレータ　144
半角カタカナ　125, 127
半加算器　131

非可逆　128
比較演算　152
光通信網　8
光ファイバ　6
ビット　116
表計算（ウェブアプリケーション）　67
表計算（ソフトウェア）　48

ファイアウォール　17
ファイル　5
ファームウェア　2
フィルター　61
フェイクニュース　16
フォルダ　6
符号化文字集合　123
符号ビット　119, 121
フッター　35
物理アドレス　10
浮動小数点表示　121
負の数　119

ブラウザ　4
プリンタ　3
ブール代数　129
プレゼンテーション　73
プレゼンテーション（ウェブアプリケーション）　88
プレゼンテーション（ソフトウェア）　73
プレゼンテーションアプリケーション　73
フレーム　11
プログラミング　148
プログラミング言語　5
プログラム　1
プログラム言語　5
フローチャート　156
プロトコル　9, 96
プロパティ値　99
プロパティ名　99

ヘッダー　35
ベン図　132
変数インスペクタ　142

補数　119

ま行

マルウェア　18

無線方式　6

命題　129
命題論理　129
メタルケーブル（銅線）　6

メーラ　5, 14
メールクライアント　5

文字コード　122
文字符号化方式（CES）　123
モデム（MODEM）　8
モニタ　3

や行

有線方式　6

要素　97

ら行

ライブプレゼンテーション　90

リスト　104, 156
リボン　23
リンク層　11

ルータ　8, 11
ルートディレクトリ　6
ルートフォルダ　6
ルーラー　32

列　50

論理回路　129
論理素子　130

わ行

ワードプロセッサ　21

編著者略歴

いな おか ひで のり
稲岡秀檢

1967 年　神奈川県に生まれる
1990 年　東京工業大学工学部制御工学科 卒業
1996 年　東京工業大学大学院理工学研究科博士課程 単位取得満期退学
現　在　北里大学医療衛生学部 教授
　　　　博士（医学），博士（工学）

著者略歴

あり さか なお や
有阪直哉

1988 年　群馬県に生まれる
2013 年　北里大学医療衛生学部 卒業
2015 年　北里大学大学院医療系研究科修士課程 修了
現　在　北里大学医療衛生学部医療情報学 専任助教
　　　　博士（医学）

つる た はる かず
鶴田陽和

1952 年　宮崎県に生まれる
1975 年　東京大学工学部計数工学科 卒業
1977 年　東京大学大学院工学系研究科修士課程 修了
2013〜2017 年　北里大学医療衛生学部 教授
　　　　博士（医学），修士（工学）

演習でまなぶ情報処理の基礎 改訂版　　定価はカバーに表示

2017 年 4 月 10 日　初　版第 1 刷
2023 年 1 月 20 日　　　　第 5 刷
2025 年 3 月 10 日　改訂版第 1 刷

編著者　稲　岡　秀　檢

発行者　朝　倉　誠　造

発行所　株式会社　朝　倉　書　店

東京都新宿区新小川町 6-29
郵 便 番 号　162-8707
電　話　03（3260）0141
F A X　03（3260）0180
https://www.asakura.co.jp

〈検印省略〉

ⓒ 2025 〈無断複写・転載を禁ず〉

中央印刷・渡辺製本

ISBN 978-4-254-12307-4　C 3004

Printed in Japan

JCOPY ＜出版者著作権管理機構 委託出版物＞

本書の無断複写は著作権法上での例外を除き禁じられています．複写される場合は，
そのつど事前に，出版者著作権管理機構（電話 03-5244-5088，FAX 03-5244-5089,
e-mail: info@jcopy.or.jp）の許諾を得てください．

数学 30 講シリーズ 1 新装改版 微分・積分 30 講

志賀 浩二 (著)

A5 判／ 208 ページ　ISBN：978-4-254-11881-0　C3341　定価 3,300 円（本体 3,000 円＋税）

ロングセラーの卓越した数学入門書シリーズを次の世代へ．内容はそのままに版面を読みやすく刷新．第 1 巻は数（すう）の話から出発し，2 次関数，3 次関数，三角関数，指数関数・対数関数などを経て，微分，積分，極限，テイラー展開へと至る．柔らかい語り口と問答形式のコラムで数学の愉しみを感得できる名著．初版 1988 年刊．

数学 30 講シリーズ 2 新装改版 線形代数 30 講

志賀 浩二 (著)

A5 判／ 216 ページ　ISBN：978-4-254-11882-7　C3341　定価 3,300 円（本体 3,000 円＋税）

名著の内容はそのままに版面を刷新．ベクトル・行列の数理に明快なイメージを与える，データサイエンス時代の今こそ読みたい入門書．初版 1988 年刊．〔内容〕ツル・カメ算と連立方程式／ベクトル／写像／ベクトル空間／基底と次元／写像と行列／正則行列／線形写像の核と行列の階数／行列式／固有値と固有ベクトル／固有値問題／他

数学 30 講シリーズ 3 新装改版 集合への 30 講

志賀 浩二 (著)

A5 判／ 196 ページ　ISBN：978-4-254-11883-4　C3341　定価 3,520 円（本体 3,200 円＋税）

名著の内容はそのままに版面を刷新．親しみやすい文体で「無限」の世界へ誘う．集合論の初歩から始め，選択公理，連続体仮説まで着実なステップで理解．初版 1988 年刊．〔内容〕身近な集合／自然数の集合／基本概念／可算集合／実数の集合／一般的な設定／写像／濃度／整列集合／選択公理／連続体仮説／ゲオルグ・カントル／他

数学 30 講シリーズ 4 新装改版 位相への 30 講

志賀 浩二 (著)

A5 判／ 228 ページ　ISBN：978-4-254-11884-1　C3341　定価 3,520 円（本体 3,200 円＋税）

名著の紙面を刷新．「私たちの中にある近さに対する感性を拠り所としながら，一歩一歩手探りするような慎重さで」位相空間を理解する．初版 1988 年．〔内容〕遠さ，近さと数直線／平面上の距離，点列の収束／開集合，閉集合／コンパクト性／連続性／距離空間／近傍と閉包／コーシー列と完備性／位相空間／ウリゾーンの定理／他

数学 30 講シリーズ 5 新装改版 解析入門 30 講

志賀 浩二 (著)

A5 判／ 260 ページ　ISBN：978-4-254-11885-8　C3341　定価 3,740 円（本体 3,400 円＋税）

内容はそのままに版面を刷新．数直線と高速道路のアナロジーから解き起こし，実数の連続性や関数の極限など微積分の礎を丁寧に確認，発展的議論へ進む．初版 1988 年刊．〔内容〕数直線の生い立ち／実数の連続性／関数の極限値／微分と導関数／平均値の定理／テイラー展開／ベキ級数／不定積分／微分方程式／定積分／逆写像定理／他

数学 30 講シリーズ 6 新装改版 複素数 30 講

志賀 浩二 (著)

A5 判／ 232 ページ　ISBN：978-4-254-11886-5　C3341　定価 3,740 円（本体 3,400 円＋税）

名著の紙面を刷新．「複素数の中から，どのようにしたら'虚'なる感じを取り除けるか」をテーマに，'平面の数'としての複素数を鮮明に示す．初版 1989 年刊．〔内容〕負数と虚数の誕生／複素数の定義／複素平面／ 1 次関数／リーマン球面／複素関数の微分／正則関数／ベキ級数／複素積分／テイラー展開／孤立特異点／留数／他

データビジュアライゼーション ―データ駆動型デザインガイド―

Andy Kirk(著)／黒川 利明 (訳)

B5 判／296 ページ　ISBN：978-4-254-10293-2　C3040　定価 4,950 円（本体 4,500 円＋税）

"Data Visualisation: A Handbook for Data Driven Design" 第 2 版の翻訳。豊富な事例で学ぶ，批判的思考と合理的な意思決定による最適なデザイン。チャートの選択から配色・レイアウトまで，あらゆる決定に根拠を与える。可視化ツールに依存しない普遍的な理解のために！　オールカラー。

Python インタラクティブ・データビジュアライゼーション入門 ―Plotly/Dashによるデータ可視化とWebアプリ構築―

@driller・小川 英幸・古木 友子 (著)

B5 判／288 ページ　ISBN：978-4-254-12258-9　C3004　定価 4,400 円（本体 4,000 円＋税）

Web サイトで公開できる対話的・探索的（読み手が自由に動かせる）可視化を Python で実践。データ解析に便利な Plotly，アプリ化のためのユーザインタフェースを作成できる Dash，ネットワーク図に強い Dash Cytoscape を具体的に解説。

情報科学入門

野本 弘平 (著)

A5 判／152 ページ　ISBN：978-4-254-12259-6　C3004　定価 3,080 円（本体 2,800 円＋税）

情報学の易しい教科書。〔内容〕情報って何？，現代社会と情報，情報のキーワード，情報量，2 進数，標本化と量子化，符号化と圧縮，アルゴリズム，ブール代数，論理回路，データベース，Web 情報，ヒューマンインタフェース，産業・職業

デスクトップ Linux で学ぶ コンピュータ・リテラシー （第 2 版）

九州工業大学情報科学センター (編)

B5 判／304 ページ　ISBN：978-4-254-12231-2　C3041　定価 3,300 円（本体 3,000 円＋税）

情報処理基礎テキスト（Ubuntu による Linux-PC 入門）。自宅 PC で自習可能。Ubuntu のバージョンを更新。

やってみよう テキストマイニング ［増訂版］ ―自由回答アンケートの分析に挑戦！―

牛澤 賢二 (著)

A5 判／192 ページ　ISBN：978-4-254-12261-9　C3041　定価 2,970 円（本体 2,700 円＋税）

知識・技術・資金がなくてもテキストマイニングができる！　手順に沿って実際のアンケート結果を分析しながら，データの事前編集，単語抽出，探索的分析，仮説検証的分析まで楽しく学ぶ。最新の KH Coder 3 に対応した待望の改訂版。

やってみよう アンケートデータ分析 ―選択式回答のテキストマイニング流分析―

牛澤 賢二・和泉 茂一 (著)

A5 判／180 ページ　ISBN：978-4-254-12300-5　C3041　定価 3,080 円（本体 2,800 円＋税）

自由回答データのテキストマイニング分析をやさしく解説した好評既刊書の続編．本書では複数選択型や 5 段階評価型などの選択式回答データをテキストマイニングの手法で分析するアイディアと手順を紹介．実際のアンケートで得られる多様な回答方式のデータを統一的な手法のもとに分析できる待望の書．初心者から実務家まで．

すべての医療系学生・研究者に贈る 独習 統計学24講 ―医療データの見方・使い方―

鶴田 陽和 (著)

A5判／224ページ　ISBN：978-4-254-12193-3　C3041　定価3,520円（本体3,200円＋税）

医療分野で必須の統計的概念を入門者にも理解できるよう丁寧に解説。高校までの数学のみを用い，プラセボ効果や有病率など身近な話題を通じて統計学の考え方から研究デザイン，確率分布，推定，検定までを一歩一歩学習する。

すべての医療系学生・研究者に贈る 独習統計学応用編24講 ―分割表・回帰分析・ロジスティック回帰―

鶴田 陽和 (著)

A5判／248ページ　ISBN：978-4-254-12217-6　C3041　定価3,850円（本体3,500円＋税）

好評の「独習」テキスト待望の続編。統計学基礎，分割表，回帰分析，ロジスティック回帰の四部構成。前著同様とくに初学者がつまづきやすい点を明解に解説する。豊富な事例と演習問題，計算機の実行で理解を深める。再入門にも好適。

宇宙怪人しまりす統計よりも重要なことを学ぶ

佐藤 俊哉 (著)

A5判／120ページ　ISBN：978-4-254-12297-8　C3041　定価2,200円（本体2,000円＋税）

あの宇宙怪人が装いも新たに帰ってきた！ 地球征服にやってきたはずが，京都で医療統計を学んでいるしまりすと先生のほのぼのストーリー．統計的に有意は禁止となるのか，観察研究で未知の要因の影響は否定できないのか，そもそも統計よりも重要なことはあるのか．

ヘルスデータサイエンス入門 ―医療・健康データの活用を目指して―

手良向 聡・山本 景一・河野 健一 (編)

A5判／224ページ　ISBN：978-4-254-12286-2　C3041　定価3,960円（本体3,600円＋税）

医療分野におけるデータサイエンスの入門書。データベースの構築，管理などの基本をおさえ，データの扱い方や統計分析の手法も網羅。統計関係の学生や研究者にはもちろん，臨床研究の現場や，医療データを扱う研究機関や企業でも有用な一冊。〔内容〕プロジェクト企画／データアーキテクチャ／データマネジメント／データアナリシス

医学論文から学ぶ　臨床医のための疫学・統計 ―診療に生かせる読み解きかた―

磯 博康・北村 哲久・服部 聡・祖父江 友孝 (編)

B5判／288ページ　ISBN：978-4-254-31098-6　C3047　定価6,600円（本体6,000円＋税）

◆よくある「理論→実例」という順番とは逆に，実例（論文）からさかのぼって解説する，現場目線の疫学・統計書◆34の療科・講座が選定した超・重要論文65件を題材に「診療に生かせる論文のよみかた」が身につく，臨床医・研修医・医学生に必携の1冊◆主要ジャーナルの論文，ガイドライン変遷やパラダイムシフトの根拠となったランドマーク的な論文などから，疫学・統計の考えかたや手法，研究デザイン，ピットフォールなどを実践的に学べる◆文献抄読カンファレンスを疑似体験できるような，実践的なエクササイズ・ディスカッションが満載

ローゼンバウム 因果推論とは何か

ポール R. ローゼンバウム (著)／高田 悠矢・高橋 耕史 (監訳)

B6判／152ページ　ISBN：978-4-254-12306-7　C3041　定価2,420円（本体2,200円＋税）

代表的な研究者の一人・ローゼンバウムが因果推論の基本的な考え方をわかりやすく解説する入門書．数式をほとんど用いず，医学・疫学・経済・公共政策など多用な分野の事例を取り上げながら，無作為化実験・傾向スコア・自然実験・操作変数・感度分析・疑似実験などの重要な概念を説明する．因果推論について知りたいすべての人に．

上記価格は 2025 年 1 月現在